Passage de la mère morte

DU MÊME AUTEUR

Le Fou de dieu, Héliogabale, *roman, Olivier Orban, 1988.*
L'Homme sans voix, *roman, Stock, 1989.*
L'Amphore, *Casterman/Histoire, 1991.*
Petite mythologie du havane dans un monde trop fade,
    *Balland, 1992. Nouvelle édition revue et corrigée, La
    Table Ronde, « La Petite Vermillon », 2003.*
Le Roman-vrai de *Libération, biographie, Julliard, 1994.*
Cigare, le guide, *Hermé, 1997.*
Le Dernier des Césars, *roman, J.-C. Lattès, 1999.*
Le Rap français, *anthologie, La Table Ronde, « La Petite
    Vermillon », 2000.*
De Gaulle vu par les écrivains, *anthologie, La Table Ronde,
    « La Petite Vermillon », 2000.*
Nouvelle vague. La jeune chanson française depuis 1981,
    *anthologie, La Table Ronde, « La Petite Vermillon »,
    2002.*
Le Ramier d'André Gide, *édition et préface, Gallimard,
    2002, et Folio, 2004.*
Mylène Farmer. Au cœur du mythe, *essai, Bartillat, 2003.*
Le Goût du Népal, *anthologie, Mercure de France, « Le Petit
    Mercure », 2004.*
André Malraux et la tentation de l'Inde, *textes et documents,
    Gallimard, 2004.*
Dans les Comptoirs de l'Inde, *carnets de voyage, Le Cherche
    Midi, 2004.*
Le Goût des villes de l'Inde, *anthologie, Mercure de France,
    « Le Petit Mercure », 2005.*
Le Roman-vrai d'Indochine, *biographie, Bartillat, 2005.*
Le Chant des villes, *anthologie, en collaboration avec André
    Velter, Mercure de France, « Le Petit Mercure », 2006.*
Le Goût de l'Inde, *anthologie, Mercure de France, « Le Petit
    Mercure », 2007.*

Jean-Claude Perrier

Passage
de la mère morte

récit

Stock

ISBN 978-2-234-05911-5

*Pour Pascale,
qui ne connaît qu'une partie de cette histoire.*

« Ici, dans la fiction, repose la réalité, mais pour la trouver, il faudra l'exhumer, ouvrir le cercueil. »

Nathalie Rheims

I

Tu me croiras si tu veux, mais j'ai oublié en quelle année tu es morte. Je pourrais bien sûr retrouver la date exacte, dans des papiers ou quelque ancien agenda, ou procéder à des recoupements. À quoi bon ? Je ne suis pas sûr d'avoir même conservé ton acte de décès, l'unique preuve officielle de ton existence. C'est la mort qui t'a intégrée à une société dont tu étais parvenue à te faire ignorer pendant presque cinquante ans – d'après ce que j'ai pu reconstituer à grands traits : je n'ai pas envie, je redoute même de projeter toute la lumière sur ton passé, ta famille, ta naissance. Pas le temps, et peur d'autres découvertes sordides que je pourrais exhumer.

Le plus stupéfiant, dans ton histoire, c'est que tu ne t'es jamais cachée. Tu as, durant quelques années, été fonctionnaire municipale – responsable du cimetière – dans ta banlieue. Ce fut là d'ailleurs ta seule incursion dans le système social. Ta seule concession, si l'on veut. Quoique cette attitude impliquerait de ta part un côté « rebelle », voire anar, une position politique dont tu étais fort éloignée. Les raisons de ta marginalité étaient beaucoup plus personnelles.

Sur ta bonne mine, ton bagou, parce que tu habitais depuis longtemps la commune, et que ton dernier compagnon, ce malheureux René, était un ami d'enfance du maire, tu avais été engagée sans avoir à fournir aucune pièce d'identité, aucune carte de la Sécu. Ces quelque dix ans où tu as travaillé pour la mairie, tu as été salariée et déclarée. Ton employeur a cotisé pour toi à la Sécurité sociale, tu as même eu droit à une petite retraite, inférieure au RMI. Tu as donc bénéficié de ce minimum. Paradoxalement, c'est cette intégration tardive qui a causé ta perte, fait voler en éclats le mensonge, la supercherie sur quoi tu avais vécu depuis ton arrivée à Paris, dans les années cinquante. Tu avais à peu près vingt-cinq ans. Un demi-siècle plus tard, tu mourais. Et aujourd'hui, je peux t'écrire, comme s'il m'avait fallu attendre d'avoir la maturité et le recul nécessaires.

C'était un mois de juin pluvieux et maussade, comme celui-ci. Je passais le week-end à la campagne, dans cette vieille maison normande où tu étais venue quelquefois, dès que je l'avais achetée. Tu t'y plaisais apparemment, bien plus à l'aise dans un jardin qu'en ville, même si tu aimais venir à Paris pour me voir le samedi, ou aller traîner dans les grands magasins.

De ta jeunesse parisienne, tu avais gardé un goût pour les cafés bruyants, la foule – encore une chose qui nous séparait.

Je me souviens des célébrations du bicentenaire de la Révolution, en 1989. J'avais alors un bureau à Neuilly, sur les bords de la Seine, juste en face des tours de la Défense, que Jean-Michel Jarre avait choisies comme décor pour l'un de ces shows à grand spectacle dont il a le secret. Après, un feu d'artifice mémorable serait tiré. Le patron avait autorisé ses collaborateurs à inviter leur famille pour assister à l'événement, depuis nos fenêtres très privilégiées, un verre à la main. Je t'ai attendue toute la soirée. Tu avais préféré rester dans la foule des spectateurs, et tu m'as confié le lendemain t'être beaucoup amusée, avoir parlé avec des jeunes qui s'étonnaient qu'une femme de ton âge (presque soixante-cinq ans) assise par terre, à côté d'eux, partage à la dure les heures d'attente, la chaleur, puis la cohue pour regagner le métro. Tu adorais ça.

Une autre fois, j'avais organisé un réveillon de nouvel an chez moi à Paris, avec mon père, sa femme, et mon ami François, que tu connaissais et aimais bien. D'ailleurs, tous mes proches appréciaient l'adorable François, et je me suis fait houspiller lorsque nous nous sommes séparés. Avec l'accord de papa, très fair-play – vous ne vous étiez jamais revus depuis ma communion solennelle et farfelue, en plein Mai 68 –, je t'ai appelée pour t'inviter, de peur que tu ne restes seule en ce soir de réjouissances, en tête à truffe avec ta chienne, René étant parti dans sa propre famille. Je dois aussi confesser que vous remettre en présence, papa et toi, après toutes ces années, m'amusait et m'excitait plutôt. Le téléphone, à plusieurs reprises, a sonné dans le vide. Nous avons failli t'envoyer les pompiers, craignant qu'il ne te soit arrivé quelque chose, un malaise... Quand je suis enfin parvenu à te joindre le lendemain pour te présenter mes vœux, je t'ai trouvé un ton un peu embarrassé : tu t'étais faite belle et étais partie t'amuser, seule, aux Champs-Élysées, jusqu'à l'aube, attendant le premier RER pour rentrer chez toi.

C'est donc à la campagne, dans cette maison où nous avions partagé quelques-uns des rares jours de bonheur sans nuages de notre histoire commune, que l'on m'a annoncé ta mort. Un coup de téléphone, en fin d'après-midi. C'était Mme B., l'assistante sociale de ta ville, qui s'était occupée de toi avec patience et dévouement depuis plusieurs années. Une femme pieuse, apparemment, et qui avait été malgré elle la res-

ponsable de ton « outing » tardif et bien invo-
lontaire.

– Votre maman est morte cette nuit. Elle n'a
pas souffert. Dans ses derniers mois, elle paraissait apaisée. Elle était revenue vers Dieu, et a reçu
les sacrements.

J'ai failli dire amen, mais suis resté sans voix.
Puis je me suis comporté comme si tout ça arrivait à un autre. Littéralement, je me suis
dédoublé. Et ce fut ainsi jusqu'à la fin, jusqu'au
jour de l'enterrement. Terme impropre, puisque
j'avais opté pour la crémation, plus simple,
moins coûteuse, plus moderne. Ce qui t'aurait
sans doute scandalisée. Tant pis : tu disparaissais
subitement, comme à ton habitude, me laissant
seul face à des problèmes matériels dont j'ignorais tout. Je ferais de mon mieux, décemment
mais sans plus.

Des professionnels, efficaces et respectueux,
m'ont piloté. Mme B., connaissant la complexité,
la nature inhabituelle de nos rapports, n'en a pas
rajouté. Arrivé à l'hôpital où tu avais fini tes
jours, en compagnie de ma meilleure amie
Catherine qui m'a soutenu en ces circonstances
funestes avec son empathie et son organisation
coutumières, j'ai refusé de te voir une dernière
fois. L'idée de la mort m'a toujours terrorisé,
je ne m'imaginais pas embrassant à nouveau
un cadavre. Je n'ai même pas pu toucher les

quelques pauvres reliques que tu laissais : toute une vie dans une boîte à chaussures.

Des photos de ma sœur. Plus exactement ma demi-sœur Pascale, fille du Kabyle Michel, chauffeur de taxi et patron de bistrot avec qui tu avais vécu quelques années, hors mariage bien entendu, une histoire passionnelle, violente, qui s'était terminée dans les cris, les coups, la douleur, et une tentative de suicide : sa fille portait son nom – comment l'aurais-tu reconnue, toi la sans-papiers, sans existence fixe ? Et il avait fini par l'emmener en toute légalité en Algérie, où elle s'est mariée et a fait sa vie. Plus tard, elle est venue en France plusieurs fois, l'été, s'occupant de toi avec dévouement lorsque tu étais déjà malade, puis invalide, pour soulager René. Elle a subi ton caractère tyrannique, ton absence totale de reconnaissance. C'est elle qui me l'a confié une fois, les larmes aux yeux. Mais, depuis sa petite ville de Kabylie, avec les tracasseries et les lenteurs conjuguées des administrations algérienne et française, elle ne pouvait pas m'aider, ni même être ici à temps pour tes obsèques. Elle avait été prévenue, bien sûr, mais c'était à moi, le garçon, l'aîné, de me débrouiller. J'ai parfois culpabilisé d'avoir rompu tout lien avec cette petite sœur aimante, une fille bien (elle eut notamment le courage de continuer son métier de professeur de français dans son bled quand les terroristes islamistes sévissaient), qui, elle non plus, n'a pas choisi sa mère. Mais on comprendra aisément que la notion même de « famille » m'est assez étrangère. Quant à revoir Pascale, parler de notre passé ressusciterait des souvenirs, une souffrance que je me suis efforcé d'effacer.

Des photos de moi aussi, jeune et BCBG. Quand tu m'avais redécouvert, non sans orgueil. Parfois, en présence de mes amies proches, tu racontais notre histoire à ta façon, insistant sur mon enfance heureuse, combien j'avais toujours été gâté, eu les plus beaux vêtements, les plus beaux jouets. Certes, mais ce n'est pas à toi que je les devais, c'était à mon père. La seule année que nous avons vécue ensemble (un cauchemar, la pire de ma vie), tu t'occupais de tes amours, que la présence d'un enfant contrariait, puis tu t'es enfuie en province et nous n'avons plus reçu de tes nouvelles durant plusieurs années. C'est par un Michel désespéré et repentant, qui était venu me voir un jour alors que je n'avais pas répondu à ses lettres, que nous avions retrouvé ta trace, à Nantes. Mon père tenait à ce que nous renouions. « C'est ta mère, après tout », disait-il. Mais nos relations ont mis encore bien du temps à se « normaliser ». Il a fallu attendre que, l'âge aidant, tu t'assagisses, et te fixes en banlieue parisienne. Lorsque, refaisant l'histoire, j'estimais que tu exagérais, je t'interrompais : «Tu crois vraiment que ça s'est passé comme ça ? C'est curieux, je n'ai pas les mêmes souvenirs.» Tu avais l'intelligence de comprendre et de changer de sujet. Quant à mes amies de trente ou de vingt ans, elles connaissent depuis longtemps la vérité.

Quelques objets encore. Un modeste chapelet, que l'on a placé entre tes doigts dans ton cercueil. J'ignore si tu étais croyante, de cela non plus nous n'avons jamais parlé. Mais cela rassurait Mme B. de penser que tu pourrais accéder un jour au paradis… Une bague en or, un napoléon monté sur un anneau, que je t'avais toujours connu. Quelques papiers. Nous avons décidé de les envoyer à Pascale, en souvenir. C'est Catherine qui s'en est chargée.

Tu possédais aussi un exemplaire de mes premiers livres. Voir le nom de ton fils, mon nom, sur la couverture d'un roman ou imprimé dans un journal, te remplissait de fierté. Les livres eux-mêmes, les as-tu lus ? Tu ne m'en as jamais parlé, de ça non plus. Il était hors de question que je les récupère. Je ne voulais rien conserver qui t'ait appartenu. Sur une suggestion de l'irremplaçable Mme B., je les ai offerts avec soulagement à la bibliothèque de l'hôpital, à condition qu'on prenne soin d'ôter les dédicaces que je t'avais écrites. Affectueuses, forcément.

Je suis ensuite allé aux pompes funèbres. Là encore, délicatesse et compréhension. Toutes les modalités des obsèques, la messe dans la vieille église glaciale de B.-Saint-L., le cortège jusqu'au crématorium dans une zone industrielle au milieu de nulle part, l'incinération, puis le destin de tes cendres, tout a été rapidement réglé. J'ai signé le chèque. Avant d'apprendre que toi qui n'avais jamais rien prévu dans ta vie, toi qu'il avait fallu toujours assister matériellement (combien de fois ai-je dû payer des factures en souffrance, afin qu'on ne te coupe pas l'électricité, qu'on n'emporte pas ta télé, quand René partait en vacances et te laissait sans argent), tu possédais une assurance-décès dont le montant permettrait de couvrir tous les frais (à condition de ne point donner dans le luxe). Je crois même qu'on m'a versé un petit reliquat. C'était la première fois que tu me faisais un cadeau utile. Enfant, j'avais droit à un jouet idiot et de mauvaise qualité, qui tombait en panne quelques jours après Noël ou mon anniversaire. Plus tard à une cravate affreuse ou à une eau de toilette vulgaire que je n'aurais portée pour rien au monde : tu achetais ce qui te plaisait à toi, attirée par une promotion sur la marque, un coffret-cadeau clinquant, oubliant le nom de mon eau de toilette, que tu m'avais pourtant redemandé, et que tu étais censée connaître : cela fait au moins vingt ans que je mets le même vétiver.

Du jour dit, je conserve un souvenir à la fois aigu et confus. C'était un matin très tôt. Il faisait gris et frais. Il pleuvait. Arrivés en avance, nous nous sommes réfugiés, Catherine et moi, dans un bistrot glauque et empestant le tabac froid où un patron revêche nous a servi des cafés dégueulasses. J'avais mal au ventre, comme au moment de passer un examen, ou d'un rendez-vous important. Et c'en était un, dans un certain sens.

Nous sommes entrés, frigorifiés, dans l'église. Mon imperméable ne suffisait pas à me protéger des courants d'air qui faisaient vaciller la flamme des cierges. J'avais salué Mme B., la remerciant pour son aide et sa délicatesse. Je ne connaissais personne d'autre dans l'assistance clairsemée. Une vingtaine de personnes, peut-être, qui t'avaient fréquentée dans ta dernière époque. Tu n'avais pas eu vraiment d'amis, quant à ta famille...

René, ton compagnon, n'était pas là non plus. Vos relations avaient été tumultueuses. Tu aimais bien dominer les hommes. Lui était un peu falot, assez mal dégrossi. Mais je suis persuadé qu'il t'aimait sincèrement. À votre façon, vous avez vécu quelques années heureuses, en cabossés de la vie qui s'épaulaient, partageant des plaisirs simples. Une sorte de sérénité, qui aurait pu durer jusqu'à la fin. Hélas. Quand tu es tombée malade, René t'a soignée avec constance. Quand tu es devenue invalide, avec abnégation. Ensuite, on t'a transportée à l'hôpital, puis dans des institutions où il allait te voir chaque jour, aussi lointaines fussent-elles. Mais, lorsqu'il a compris que tu ne reviendrais plus chez vous, qu'il s'est retrouvé seul avec votre chienne dans ce sinistre appartement de HLM encombré de tes meubles rustiques, qu'il a réalisé qu'il terminerait sa vie sans personne (ses deux frères venaient de mourir coup sur coup), il n'a pu le supporter. Du temps où il chassait, il avait conservé un fusil. Il a d'abord tué son chien, puis s'est tiré une cartouche dans la tête. C'est sa sœur, la seule survivante des quatre, qui m'avait téléphoné pour me raconter cette horreur. D'un commun accord, nous avons résolu de ne pas t'en informer. Tu avais déjà perdu contact avec le monde, et ne t'es sans doute pas aperçue que René ne venait plus te voir. Moi-même, la dernière fois, je ne suis pas sûr que tu m'aies reconnu.

La cérémonie fut simple, sans fioritures. Un enterrement pas exactement de pauvre, mais modeste. Le prêtre a prononcé un éloge de la « chère disparue » mesuré, évitant les hyperboles coutumières et de parer la défunte de toutes les vertus, sous le simple prétexte qu'elle était défunte – t'avait-il connue ? J'ai suivi le rituel (celui que j'avais appris dans ma jeunesse au catéchisme, mais plus guère pratiqué depuis, et qui ne représente rien pour l'agnostique que je suis) comme un somnambule, les yeux humides derrière mes lunettes noires. Un homme, ça ne pleure pas, surtout en public. On m'avait aussi appris ça. J'étais gosse, j'avais neuf ans, mais je me souviens encore assez nettement de l'enterrement de ma grand-mère (paternelle, bien sûr), de la dignité de mon père, qui pourtant adorait sa mère, laquelle le lui rendait bien. Question de pudeur. Leçon retenue.

Il n'y a qu'au moment de bénir le cercueil, de le toucher du bout des doigts, que j'ai eu du mal à contenir mes larmes. C'est à cet instant que s'est imposée à moi l'idée du « jamais plus », que les gestes que j'accomplissais scellaient l'irrémédiable, rendant la mort concrète, physique. Mais ce n'était pas une douleur particulière parce qu'il s'agissait de toi, ma mère : j'ai éprouvé la même, plus grande peut-être, en bénissant des amis très chers – je pense à Pierre, à Simone, à Émile, à Brigitte il y a quelques mois à peine, à Alain tout récemment –, qui m'avaient été plus proches que toi. Poignées de main à des inconnus, remerciements murmurés à des condoléances timides, enveloppe glissée au curé...

Nous sommes partis en cortège derrière le corbillard. Pas question pour moi de monter dedans. Je suis resté avec Catherine, dans sa voiture, protégé. Une demi-heure, peut-être, de chemin à travers des villes anonymes, sous la pluie qui redoublait. Je ne me souviens plus de quoi nous avons parlé. De la messe, sans doute, sobre et digne. Et de la suite des événements.

Le crématorium ressemblait à une petite usine métallique, à un hangar planté sur un grand carré de pelouse, au milieu de rien, en contrebas d'une route. Dans quelle ville ? Je me rappelle seulement que le temps, dès notre arrivée, commençait à se dégager. Un vague rayon de soleil perçait à travers les nuages. Nous nous sommes assemblés à quatre ou cinq dans une pièce cosy, sous la houlette d'un homme en costume sombre, la mine de circonstance, qui nous a expliqué avec beaucoup de douceur, un peu comme on parle à des enfants, comment les choses allaient se dérouler. Dernier adieu à la défunte, en présence du cercueil. Musique suave, lénifiante, comme dans les ascenseurs ou les bars d'hôtel. Prière pour les croyants. Recueillement pour tout le monde. Puis le cercueil, comme un bagage sur un tapis roulant d'aéroport, part pour son dernier voyage, derrière un rideau. Mais ça, on n'y assiste pas. On nous a fait sortir juste avant. Nous sommes restés un bon moment, totalement silencieux, dans un salon, attendant que la machine ait accompli son office. Ceux qui le souhaitaient pouvaient s'offrir une boisson à un distributeur, ou sortir fumer une cigarette. Je ne fume pas de cigarettes, mais je suis sorti quand même. Je ne savais plus bien où j'étais, ce que je faisais là. C'est alors que mon téléphone portable, que j'avais oublié d'éteindre ou rallumé machinalement à un moment, a sonné. On était en semaine. Là-bas, à Paris, des gens travaillaient. Rétrospectivement, j'ai remercié le sort qu'on ne m'ait pas appelé plus tôt, pendant la messe ou l'hommage. C'était Hélène, attachée de presse d'une grande maison d'édition, qui souhaitait me parler d'un de ses romans de la rentrée.

– Tu as une drôle de voix, remarqua-t-elle. Où es-tu ?

Je lui ai expliqué dans quelles circonstances elle me trouvait. Elle s'est excusée avec tact, m'a présenté ses condoléances, et s'est dite confuse de m'avoir dérangé.

– Pas du tout, l'ai-je rassurée. Entendre la vie qui continue me fait du bien.

Nous sommes néanmoins convenus de nous rappeler plus tard.

La crémation, enfin, s'est achevée. Auparavant, il avait fallu décider du sort de ton urne. Moi, j'aurais été partisan de disperser tes cendres dans le « carré du souvenir » du cimetière de B.-Saint-L., celui-là même dont tu avais pris soin autrefois. Ça se pratique, paraît-il, de plus en plus. À mes yeux, tout ça n'a guère d'importance. Et ce rituel un peu hindou me plaît bien. Pour moi, je préférerais le Gange. Mais pour toi qui n'avais jamais voyagé, juste erré entre trois ou quatre villes françaises, ce retour au bercail me paraissait cohérent. Cependant Mme B., en bonne chrétienne, voulait conserver quelque chose devant quoi se recueillir. Pas question d'un caveau, trop cher. La mairie avait donc proposé de t'offrir un petit espace, à côté de la tombe de René et de sa famille. Une plaque porterait ton nom (plus exactement ton pseudonyme récemment officialisé), tes dates : 1925-2000. Je ne sais pas. Je n'y suis jamais allé, ni pour la maçonnerie, ni depuis.

Enfant, ma grand-mère (paternelle, donc) me traînait sur la tombe de mes arrière-grands-parents, que je n'ai pas connus, et sur celle de son mari, mon grand-père, que j'avais bien connu, lui. Il est mort quand j'avais six ans, en 1963. Un petit bonhomme avec une moustache, chauve sous son béret, qui passait les après-midi à lire dans son fauteuil des gros volumes reliés de toile sombre, qu'il allait chercher à pied à la bibliothèque municipale du XIIe arrondissement. Le bonhomme, un peu bourru, et ses bouquins m'impressionnaient pas mal. Il fallait faire silence quand pépé lisait. Longtemps, j'ai conservé un des livres qu'il possédait, un récit polaire de Paul-Émile Victor, relié en couleurs, illustré de photos et à Maurice dédicacé (je ne sais par quel miracle).

Ça s'appelait, je crois, *Boréal*. Ma grand-mère me l'avait offert à la mort de son époux, à moi, leur petit-fils chéri, qui aimais déjà lire. C'est elle qui m'avait appris, d'ailleurs, patiemment, avec des lettres que nous fabriquions en pâte à modeler. Et c'est sûrement de mes grands-parents, Louise et Maurice, que je tiens ma passion pour le livre et les livres, l'écrit, la lecture, le papier. Passion qui m'a structuré. Et peut-être Paul-Émile Victor m'a-t-il transmis son goût des voyages. Mais pas polaires.

Après la crise cardiaque de mon grand-père, fatale, en regardant un match de rugby à la télévision, on m'avait placé en présence de son cadavre, et enjoint de lui donner un dernier baiser sur la joue. J'en ai encore la chair de poule. C'était le premier mort que je voyais de mes yeux. La mort, réalité abstraite jusqu'alors, devenait tangible, même si je n'en comprenais à l'évidence pas tous les mystères. Plus tard, les expéditions au cimetière d'Ivry-sur-Seine organisées par ma grand-mère étaient un cauchemar. Il fallait prendre le métro, ou le bus, grimper une rue très abrupte. Souvent il pleuvait, il y avait du vent. Une fois en haut, nous pataugions parfois dans la gadoue, et j'ai toujours détesté me salir. Il fallait transporter des arrosoirs bien lourds pour nettoyer la tombe en granit, et donner à boire aux arbustes qu'on avait fait planter dans une jardinière devant le caveau. Ça tient mieux que les fleurs en pot, sans parler des bouquets… Jamais nous n'aurions manqué une Toussaint. Ma pauvre grand-mère pressentait-elle qu'elle ne tarderait guère à rejoindre son cher mari (trois ans à peine), et qu'après elle plus grand monde ne viendrait se recueillir sur leur tombe, veiller à son entretien ? Mon père, homme de devoir, s'en est occupé jusqu'à ce qu'il quitte Paris et que, trop âgé, il ne puisse plus se rendre au cimetière. Je n'ai pas pris le relais. Je n'aime que les cimetières où je n'ai pas de famille…

Et qu'a-t-on fait du cadavre de la chienne, sacrifiée par son maître pour cause de désespoir ?

II

Tu étais née, disais-tu, le 6 mai 1925, à Bourg-en-Bresse, chef-lieu du département de l'Ain. Et sans doute est-ce la seule certitude sur ton parcours terrestre, avec la date de ta mort. Deux bornes.

Vous auriez habité non loin de la gare. Ton père aurait été cheminot. Conditionnels passés. Voilà les rares bribes d'information que, par ténacité, je suis un jour parvenu à t'arracher. Sinon, ton interrogatoire donnait à peu près ceci :

– Tu ne me parles jamais de tes parents, mes grands-parents.

– Ils sont morts.

– Quand ?

– Oh, il y a longtemps…

– Tu as des frères et sœurs ?

– Oui.

– Les as-tu revus ?

– Non, jamais. On s'écrit... Et puis tu m'énerves, avec tes questions.

Ça, c'est lorsque tu étais de bonne humeur, disposée à quelques confidences. En général, tu éludais. Et quand j'étais petit, la claque n'était jamais loin. Tu avais la main plus que leste. J'ai eu beau insister, revenir à la charge à différentes reprises, lorsque le sujet me traversait l'esprit, je ne suis jamais arrivé à en apprendre plus de ta bouche. J'en suis réduit à des suppositions, des hypothèses invérifiables, romanesques donc. Tu as emporté tes secrets dans ton urne.

Comment as-tu vécu la guerre ? Mystère. Te serais-tu laissé séduire par quelque beau soldat allemand, athlétique, cheveux blonds et yeux bleus ? Cliché, fantasme.

On te retrouve à Paris, au début des années cinquante. T'es-tu enfuie de chez tes parents, ou t'ont-ils flanquée à la porte, et pourquoi ? Probablement une histoire avec un garçon, car, comme dit mon père, l'un des hommes dans la vie de qui tu es passée, tu avais « du tempérament ». Et comment as-tu fait pour « monter » à la capitale ? Ah, combien j'aurais aimé pouvoir te poser toutes ces questions, une fois ta supercherie dévoilée. Mais tu étais déjà vieille, malade, et sans doute si honteuse que tu n'as jamais osé me parler en face. Une fois, tu as livré quelques confidences à Catherine, mais pas grand-chose de plus. Je vis et je mourrai frustré de ta vérité.

Est-ce à Paris, dès ton arrivée, que tu as changé de nom ? Comme si tu avais eu quelque chose à te reprocher, quelqu'un à tes trousses (ta famille ?). Tu t'es choisi un nom d'emprunt, que tu avais dû voir dans des publicités. Un pseudonyme que tu conserverais toute ta vie, jusqu'à ce que l'administration finisse par te le reconnaître, et te délivrer, quelques années avant ta mort, ta première carte d'identité.

Ce nom me vaudra de fines plaisanteries de la part de mes camarades d'école ou de collège, voire de professeurs qui se croyaient malins. J'aurais adoré m'appeler Martin, comme tout le monde. Fils légitime de M. Paul et de Mme Jeanne Martin, avec des tas de frères et sœurs non moins légitimes. Loupé. J'ai dû m'y faire, dissimuler ma susceptibilité derrière un masque d'humour et d'apparente équanimité. J'ai fini par m'habituer à mon nom, l'aimer, trouver même qu'il sonne bien avec mon prénom. Je l'ai mérité, en quelque sorte. Et il ne me viendrait pas à l'idée d'utiliser un pseudonyme pour signer quoi que ce soit.

Jeune journaliste, mon rédacteur en chef m'avait une fois confié une enquête consistant à demander à des écrivains connus quel objet ils aimeraient que leur nom désigne, s'il devenait d'aventure un nom commun. Je me rappelle Michel Tournier s'imaginant en appareil photo, ou Jean Dutourd en stylo. Un seul m'avait donné une réponse atypique, Bernard-Henri Lévy, déclarant (en substance) : « Mon nom est mon nom, et je ne puis imaginer qu'il s'applique à autre chose que moi. » Sur le moment, j'avais trouvé cette attitude quelque peu mégalomaniaque. Maintenant je la comprends mieux. Quand on s'est *fait* un nom, célèbre ou non, difficile de s'en déprendre.

Pour vivre à Paris, tu travaillais, lorsque tu as rencontré mon père, dans la confection. Tu doublais des manteaux. J'ignore si tu avais pris des cours à Bourg-en-Bresse ou si, comme la plupart des filles en ce temps-là, tu savais coudre parce que ça se faisait, que ta mère t'avait appris. J'ignore même tout de ta scolarité, et jusqu'où tu l'as suivie. Peut-être le fameux certificat d'études. Tu n'écrivais pas mal, en tout cas, et tu avais une bonne orthographe. Tu aimais bien les longues lettres (une de nos nombreuses dissemblances), et la lecture (un de nos rares points communs). Durant des années, je t'ai ravitaillée en romans « grand public », que je recevais et ne lisais pas.

Redevenue célibataire, tu as travaillé comme serveuse dans des cafés. Je me souviens de l'un d'entre eux, La Maxéville, sur les Grands Boulevards, c'était un genre de café-concert avec un orchestre, qui a aujourd'hui disparu. Je crois qu'il a été transformé en cinéma. J'y suis allé une fois un dimanche, avec ma grand-mère, pour te voir entre deux clients. J'étais très mal à l'aise. Ce monde n'était pas le mien. Je me demandais ce que je faisais là. Et j'ai détesté particulièrement l'inévitable moment où tu m'as présenté à tes collègues comme un singe savant endimanché. « Oh, comme il est mignon ! » « Alors, mon bonhomme, il paraît que tu travailles bien à l'école ? » Oui, je travaillais bien à l'école. J'aimais l'école. Elle me sortait de chez moi, me changeait les idées, m'emportait dans un monde plus beau, celui des livres.

Plus tard, quand tu vivais avec Michel, tu tenais ton propre café, un boui-boui dans un quartier alors populaire devenu maintenant « branché », tout près du faubourg Saint-Antoine. J'allais t'y voir le jeudi après-midi, et ça m'amusait de servir les clients, quand tu le permettais, ou que tu t'absentais pour faire une course. Ils étaient gentils avec ce môme un peu maladroit mais bien élevé qui découvrait ce qu'était un « baby », un « perroquet » ou un « jaune », et je rentrais chez mes grands-parents les poches lestées de pièces de monnaie, mes pourboires. Hélas, après la mort de ma grand-mère, il fut décidé que je viendrais vivre avec toi, et le bistrot devint mon quotidien. Il ne m'amusait plus. Je détestais les plaisanteries grossières des habitués, les ivrognes, la vieille odeur de tabac froid, le manque d'intimité. Je rêvais d'une maison normale, où l'on n'est pas obligé, lorsqu'on est à table, de s'interrompre pour aller servir un « ballon de côtes » (du Rhône) à un poivrot.

Cette période fut, je l'ai dit, la pire de ma vie. Heureusement, elle a duré moins d'un an. Alors qu'à l'issue d'une des innombrables et de plus en plus violentes scènes de ménage qui vous opposaient, Michel et toi, celui-ci était parti en emmenant votre fille, tu as fait un simulacre de suicide. C'en était trop pour moi. Je me suis jeté sur le téléphone et, en larmes, j'ai appelé mon père. « Je veux venir habiter avec toi, j'arrive tout de suite ! » C'était en 1967. J'avais dix ans, et je venais d'échapper à un destin sûrement funeste. Je pouvais déménager, mener en sécurité la vie qui me convenait, entrer en sixième. J'avais déjà choisi mon lycée, les langues que j'apprendrais : latin, allemand. Rétrospectivement, cet instinct de survie et cette détermination chez un gamin aussi jeune m'étonnent encore.

Je n'ai de vous deux, papa et toi, qu'une seule petite photographie. En noir et blanc, glissée dans un étui en carton marqué « Studio Lux Portrait, 18, Av. des Roses, Bagnolet (Seine) », qui s'ouvre sur une page avec des encoches placées aux quatre coins. Mais elle n'est pas au format de l'emplacement. Peut-être l'étui n'a-t-il rien à voir avec la photo. Peu de papiers, documents ou photos ont survécu au bazar familial. À moins que mon père ne possède quelques trésors cachés… Vous y êtes jeunes et beaux, à mes yeux du moins.

La scène se situe à Saint-Pair-sur-Mer (Manche), sur la plage. Je reconnais l'endroit, car j'y suis retourné plusieurs fois, avec ma grand-mère, puis mon père, et même une fois avec un copain, bien des années après, dans un pèlerinage un peu idiot. On a les madeleines qu'on peut. En l'occurrence, c'étaient des crêpes et du cidre. Vous êtes assis dans des transats en toile, le même chacun, les pieds dans le sable. Derrière vous, des cabines en bois qu'on louait au mois, bien pratiques pour entreposer les affaires, ou pour venir à la plage quand même, « s'oxygéner au grand air » disaient les adultes, les longs mois de juillet où il pleuvait. On jouait aux cartes dans la cabine, en attendant une accalmie… Mon père est un homme d'habitudes, chaque année on partait pour Saint-Pair, en train. Nous n'avions pas de voiture. Papa, qui possède son permis depuis sa jeunesse, n'a plus voulu conduire après son retour de la guerre et de captivité, en 1946. Nous louions, avec mes grands-parents, la même villa, « Les petits Ixias ». Je ne sais pas ce que signifie ce nom, je ne suis même pas sûr de l'orthographier correctement. Il y avait aussi «Les grands Ixias»… Nous partions deux mois. Toi, depuis que tu étais avec papa, tu ne travaillais plus. Une erreur fatale qu'il a commise avec toi, et répétée avec l'une de ses épouses suivantes, comme il le reconnaîtrait plus tard. Seule au foyer, la femme désœuvrée s'ennuie, et peut céder plus facilement à la tentation de l'infidélité… Il nous rejoignait les week-ends de juillet, et restait tout le mois d'août avec nous. La photo n'est pas datée. Je ne sais qui l'a prise, pas moi en tout cas. Ou bien c'était avant ma naissance, ou bien j'étais trop petit : mon père t'a quittée, ainsi que le «domicile conjugal», quand j'avais cinq ans. Ce sont mes grands-parents, ses parents à lui, qui ont d'abord pris le relais. Les générations, en ce temps-là, étaient plus soudées. À Paris, rue Érard, XIIe arrondissement, vous habitiez le même groupe d'immeubles, à une entrée de distance. Chacun chez soi, mais c'était pratique pour s'occuper de moi.

À gauche de la photo, tu es assise, pieds nus. Dans une pose peu naturelle, tu relèves les genoux (on ne voit qu'eux), les pieds en extension. On remarque l'ongle de ton gros orteil, verni. Tu portes un short court, très années cinquante (et pour cause), un chemisier à fleurs aux manches roulées, des boucles d'oreilles fantaisie blanches. Ton bras droit repose sur ton transat, l'autre sur celui de papa, que l'on ne voit pas. Tu as les cheveux clairs, coiffés en arrière. L'image est trop petite pour que je distingue si des lunettes de soleil ou un bandeau les retiennent. Papa, lui, a ses cheveux très bruns coupés court, coiffés en arrière aussi. Il porte une chemisette et un pull (il a toujours été frileux). Un short en toile. Il a les jambes écartées, il est pieds nus dans des espadrilles noires nouées au mollet par des lacets. À son mollet gauche, une bande Velpeau. Il a dû se blesser en allant pêcher (il a toujours été maladroit, j'ai hérité cela de lui). Chacun de vous porte une montre. La tienne, simple et ronde. La sienne, carrée, avec un bracelet en croco marron. Je m'en souviens, de cette montre, comme de son appareil photo, qu'il a gardés longtemps. Vous souriez, sereins, heureux. Encore amoureux ? Derrière vous, l'auvent ouvert d'une cabine, une seule. La nôtre ? Mais qui a pris la photo : mon grand-père ? Peut-être. Et moi, étais-je déjà là ? J'ai conservé quelques souvenirs d'enfance très nets, précis, en particulier à Saint-Pair, mais aucun de vous deux ensemble. De vous deux encore. C'est pour cela que cette photo unique m'est si chère. À ma naissance, tu as trente-deux ans, papa quarante-trois. (Je suis un « enfant de vieux ».) Qui aurait deviné, en vous voyant, que la femme de ce joli couple était une dissimulatrice, et que, bâti sur du sable, tout cela allait vite s'effondrer ?

Je suis né le 3 février 1957, de cela on est absolument certain. À l'hôpital Rothschild, à Paris. Mon extrait de naissance l'atteste. Mais ce document constitue à lui seul une énigme. Comment as-tu pu te faire admettre dans une maternité et accoucher de ton enfant, sous un nom d'emprunt, sans pièce d'identité, sans carte de Sécurité sociale ? Et trouver deux âmes complaisantes (la sage-femme ? une voisine de chambrée ?) pour parapher en toute bonne foi l'acte officiel de ma naissance ? Tu devais être forte, très persuasive derrière ton joli sourire.

Lorsque, après ta mort, j'ai tenté de faire raconter à mon père sa version des circonstances de ma naissance, je n'ai guère été plus avancé.

– Ça s'est passé très vite, me dit-il, et ta mère s'est débrouillée toute seule.

Je comprends bien pourquoi tu n'avais pas envie que ton compagnon vienne fourrer son nez de trop près dans tes affaires. Mais le manque de curiosité paternel me laisse pantois. Comment avez-vous pu vous fréquenter (j'ignore combien de temps exactement), puis vivre ensemble cinq ans, sans qu'il cherche, par exemple, à connaître ta famille ? À sa façon, papa est presque aussi surprenant que toi.

Je suis donc né « de père inconnu », et de toi, qui m'as « reconnu », hélas. Cela signifiait que j'allais porter toute ma vie ton pseudonyme, et non le nom authentique de mon père. À moins de tout bouleverser à dix-huit ans, de me lancer dans une procédure compliquée et hasardeuse, ce à quoi nous avons renoncé, papa et moi, bien qu'il m'ait confié qu'avoir un fils légitime lui aurait fait plaisir, en maintenant vivant son nom de famille, plutôt rare, et qui disparaîtra avec lui. Mon père de son côté n'a eu qu'une fille, mon aînée d'une dizaine d'années, que je ne connais pas, et qui, mariée, ne porte plus son nom.

En ces années cinquante, la législation était moins adaptée qu'aujourd'hui aux situations de familles « atypiques ». Pas si atypiques que cela, d'ailleurs, lorsqu'on parle avec les gens de ma génération, mais la loi en vigueur alors, y compris au lycée, était celle du silence, du respect de la « vie privée » et des apparences bourgeoises. Un homme marié, même séparé de sa femme et en instance de divorce, qui vivait avec une autre femme en état de « concubinage notoire » (on se croirait chez Feydeau, mais c'était l'expression de l'époque, et l'exacte situation de mon père), si affiché qu'il lui avait fait un enfant, ne pouvait reconnaître cet enfant. Lequel n'avait de ce fait qu'une demi-existence légale. Durant toute ma scolarité, je ne pourrais présenter, sur mon carnet de notes mensuel, qu'une seule signature. Les premières années, mon père serait « en voyage », puis, lorsque j'aurai pris plus d'assurance, mes parents seraient « divorcés ». De l'art d'accommoder la réalité.

Le divorcé, dans cette famille, c'était mon père. Une première fois, à titre automatique, quand il est revenu de la guerre et de ses cinq années de captivité. Sa première femme, épousée juste avant qu'il ne parte accomplir son service militaire, n'avait pas eu la patience ni le courage de l'attendre. Elle ne fut pas un cas isolé. Papa s'est ensuite remarié avec une certaine Suzanne, et ils ont eu une fille, Claudine. Je ne l'ai vue qu'une fois, pour sa communion solennelle, où ma grand-mère m'avait emmené. Mais j'étais trop petit pour en conserver le moindre souvenir. Et je suppose que nous nous étions cachés, car à ce moment-là papa était déjà séparé de sa femme, vivait avec toi, et ne reverrait sa fille que de loin en loin jusqu'à son adolescence avant de ne la plus revoir du tout. N'étant pas divorcé, il ne pouvait t'épouser, à supposer qu'il l'eût souhaité. Et quand il fut libre, dans des conditions assez rocambolesques (divorce prononcé à ses dépens parce que Suzanne l'avait fait prendre par un huissier en « flagrant délit d'adultère » ; la preuve du délit, c'était moi), il n'était plus question de votre mariage : il t'avait déjà quittée. Tu le trompais, m'avait expliqué quelques années plus tard ma grand-mère, la seule avec qui je pouvais parler des sujets qui m'intéressaient. Louise, tu es morte bien trop tôt. Je l'ai crue volontiers. Moi-même, je t'ai connu quelques amants. Dont un qui me fascinait et me terrorisait à la fois.

Il s'appelait Guy. Il était garde républicain. Je l'ai vu une ou deux fois dans son grand uniforme qui me plaisait beaucoup et m'impressionnait, même si le bonhomme en dessous était plutôt petit.

Il me rappelait les soldats de plomb que collectionnait notre médecin de famille, le bon docteur Kouchnir, qui avait eu la judicieuse idée de conseiller à mes parents de ne pas contrarier ma « gauchéité », sous peine que je me mette à bégayer ou à compenser par d'autres tics. Que soit béni ce praticien éclairé, en un temps où l'on contraignait la plupart des gauchers à écrire de la main droite. Une autre de mes singularités : j'écrirais de la gauche, celle avec laquelle je suis le moins maladroit (les mots ne mentent pas). J'aimais aussi passer des heures, enfant solitaire, à jouer avec des armées entières de petits soldats que j'alignais avec soin, ou convoyais dans les véhicules Dinky Toys, que je collectionnais avec ferveur. Mon père m'en a offert des dizaines. Je ne sais où ils sont passés et les regrette encore. Chez moi, et pour cause, pas de grenier familial plein de malles regorgeant de souvenirs où je puisse fouiller. Mon seul grenier, c'est ma mémoire...

Tu n'étais pas allée chercher très loin ton amant : il habitait le même ensemble d'immeubles que nous, le troisième, de l'autre côté de la grande cour, celui où logeaient mes grands-parents les séparant symboliquement. Guy et toi pouviez presque vous apercevoir par la fenêtre. Il était petit, mais râblé et très sportif, ceinture noire de judo. Il avait vécu et combattu en Indochine. Diên Biên Phu n'était pas si loin – trois ans avant ma naissance. Guy avait été blessé, la moitié d'un de ses pieds coupée. Il devait se faire confectionner des chaussures spéciales. Mais de l'extérieur on ne s'apercevait de rien, et je ne crois pas qu'il boitait. Cela ne l'empêchait pas, en tout cas, de monter à cheval. Pour un gamin de six ou sept ans, le personnage était indéniablement romanesque, et j'aurais adoré discuter avec lui, qu'il me raconte les aventures qu'il avait vécues pour de vrai. Hélas, Guy détestait les enfants. C'est toi qui me l'avais dit. Et il est vrai qu'il n'était pas très chaleureux les quelques fois où nous nous sommes croisés. Il t'avait expliqué sans détour que je constituais un obstacle à votre idylle... Pour être honnête, je pense que, jaloux, je n'ai rien fait pour arranger les choses. Dans une de tes crises de rage, tu me l'as même reproché.

Je me souviens à ce propos d'un incident pénible. Enfant hypernerveux, j'avais beaucoup de mal à m'endormir. Une peur panique du noir. Dans ma chambre, chez nous puis chez mes grands-parents, mon brave homme de père m'avait installé un interrupteur spécial, avec une lumière orange qui restait toujours en veille. En cas de frayeur, je pouvais appuyer dessus, éclairer, chasser les ténèbres et la mort, faire revenir la vie. *Fiat lux*. Or un soir, seul avec toi, je ne parvenais pas à dormir. Je me retournais dans mon lit, t'appelais, pleurnichais. Et toi, visiblement, tu avais rendez-vous avec Guy. Je suppose qu'au début tu as tenté de me calmer par des moyens normaux, ceux que toute mère utilise dans ces cas-là : câlin, bonbon, histoire… Quoique j'aie du mal à t'imaginer dans ce rôle-là. Mais bien vite ton naturel a repris le dessus, et j'ai reçu une raclée sévère, des gifles surtout. Tu m'as laissé hurlant et meurtri pour rejoindre d'autres bras, de l'autre côté de la cour. Le lendemain, je portais sur le visage les traces de ton affection, notamment les marques de tes doigts, me dit ma grand-mère, consternée et furieuse. Mais que pouvait-elle y faire ? À ce moment-là vous ne vous voyiez pas. Je sais qu'elle ne t'aimait guère et qu'elle avait désapprouvé le choix de son fils – mais elle ne se serait jamais permis de le lui dire. Je ne me suis pas regardé dans une glace, mais je devais vraiment avoir une sale tête. À l'école, quand mes copains et la maîtresse m'ont demandé ce qui m'était arrivé, j'ai prétendu que je m'étais cassé la figure dans un escalier. Personne n'a été dupe, bien sûr, mais je m'en suis tiré de mon mieux, et les stigmates ont fini par disparaître. C'est l'une des nombreuses fois où j'ai eu honte de toi, et où tu m'as obligé à mentir pour sauver des apparences qui ne trompaient personne. Je n'étais pas « comme les autres » et les autres le sentaient.

III

« Je ne suis pas comme les autres ! » Quel garçon, angoissé au seuil de l'adolescence, n'a pas
connu ce sentiment, quand sa morphologie se
transforme, quand il commence à éprouver de la
curiosité pour son corps et celui de ses sem-
blables, des sensations inconnues et délicieuses,
effrayé et impatient à la fois de pénétrer dans ce
monde des adultes qui ne s'offrira pas à lui. La
phrase de Gide est célèbre, comme la scène qui
l'a suscitée. Arrivant à l'École alsacienne, le jeune
André, qui n'a bénéficié jusque-là que de pré-
cepteurs particuliers, a l'impression d'être lâché
dans une cage aux fauves. Ses manières, son lan-
gage tranchent sur la masse. Et sa façon de réci-
ter les vers, en mettant le ton, alors que les autres
ânonnent mécaniquement…

Mes différences étaient d'ordre nettement
moins intellectuel que celles d'André. Vestimen-

taires par exemple. Quoique ne vous parlant pas, papa et toi partagiez les mêmes goûts : je devais être « bien habillé ». Entendons : surhabillé, comme un petit Lord Fauntleroy déplacé. Alors que mes condisciples les plus évolués, dès le « petit lycée » – c'est ainsi qu'on appelait à Charlemagne les classes jusqu'à la troisième et l'entrée au « grand lycée », de l'autre côté de la rue, qui nous paraissait une oasis de liberté : on pouvait fumer dans la cour, et il n'y avait plus de pions pour surveiller les entrées et les sorties, on pouvait donc sécher les cours plus facilement –, portaient les cheveux longs, des jeans et des baskets, des vestes kaki et des espèces de musettes militaires tatouées d'inscriptions, noms de groupes de rock ou symbole de la paix – Mai 68 était passé par là – moi, je devais rester « classique ». Cheveux coupés court (sinon, « ça fait zazou », disait mon père), chaussures de ville, pantalons gris qui me serraient le ventre – j'étais alors un peu grassouillet –, chemises et vestes qui empêchaient le corps de bouger. Quand on avait cours d'éducation physique, se changer était une torture : ôter tout ça prenait un temps fou. Les autres se retrouvaient à poil en un clin d'œil. Je contemplais leurs corps minces et musclés en cachette et non sans désir. Mais c'est l'hiver que j'étais le plus à la torture. Fils d'un père frileux et d'une mère snob à sa façon, j'avais des manteaux de laine gris bien lourds, une écharpe, des gants de cuir, et surtout, surtout, d'abominables casquettes à carreaux avec un bouton dessus. Je m'empressais d'enlever tous ces affûtiaux dès que je quittais la maison, et je passais la journée à éviter d'en perdre un, d'en oublier un autre dans les vestiaires du gymnase ou une salle de classe. Et immanquablement c'est ce qui arrivait. Combien de fois suis-je allé aux Objets trouvés récupérer une écharpe ou une paire de gants si incongrus que personne n'aurait eu l'idée de me les voler. Cela valait mieux, sinon j'aurais pris un savon, voire une paire de claques. Tout ça coûtait cher. Et je n'osais pas faire de la peine à mon père en lui avouant que les jolies chaussures à boucles ou les luxueux manteaux à carreaux qu'il m'emmenait acheter le mercredi dans les grands magasins du quartier du Louvre, où était situé son bureau, ne me plaisaient pas et me faisaient passer un peu plus pour un oiseau rare auprès de mes camarades.

Mais c'est l'année de mon CM2 que j'ai subi, dans ce domaine, la pire des humiliations, à cause de toi. L'école avait organisé une classe de neige, une semaine au ski, tous ensemble et sans les parents, une première, dont nous nous réjouissions. Même si moi, qui ne savais pas skier et n'étais jamais parti sans ma famille, j'éprouvais une sourde angoisse. Passons sur l'épreuve de l'acquisition (ou de la location) des vêtements et chaussures de ski : anorak sombre, pantalon fuseau noir (qui me grattait et que je détestais), lourds après-ski avec des ferrures désagréables à porter… On était à la fin des années soixante : le confort sportif a heureusement fait depuis des progrès considérables. On rassembla mon équipement, non sans disputes avec toi, qui voulais m'imposer tes goûts, et choisissais à tout coup les fringues les plus ringardes et les moins chères. Nous devions partir un soir, en car, rendez-vous rue de Reuilly, devant l'école. Je me préparais donc, enfilant ma panoplie de sports d'hiver comme un déguisement de mardi gras, à rejoindre ma classe, espérant que tu n'aurais pas la mauvaise idée de m'accompagner. En temps ordinaire, je me débrouillais tout seul, tu t'occupais surtout de ton bistrot et de ma sœur, et je m'en arrangeais très bien. Pourquoi serait-ce différent cette fois ? C'était mal te connaître : tu pouvais te montrer très déroutante. Toujours est-il que, lorsque tu m'as vu, bagages faits et équipé de pied en cap, prêt à partir, tu t'es mise à pousser des hurlements. Il n'était pas question que tu m'accompagnes ainsi accoutré, alors que tous les autres porteraient leurs plus beaux habits pour le voyage et faire honneur à leur famille ! J'ai protesté, juré que tout le monde serait déjà en tenue de montagne, j'ai peut-être pleuré. Rien à faire. Tu m'as obligé à me changer entièrement, et nous sommes partis, moi en pardessus, chaussures de ville, et même coiffé de mon odieuse casquette.

Notre débarquement est l'un des pires souvenirs qui demeurent dans ma mémoire. Moi qui détestais me faire remarquer, qui m'efforçais, justement, d'être « comme les autres », c'était réussi. Naturellement, nous étions très en retard, et tout le monde nous attendait. Le maître et sa femme, avec la liste des présents, les familles agglutinées autour du car, et, bien sûr, tous mes camarades, arborant les plus beaux anoraks, les plus rutilants bonnets, les moufles les plus bariolées, comme s'ils étaient déjà prêts à s'élancer sur les pistes. Moi, j'avais l'air d'un touriste des pays de l'Est découvrant les plaisirs capitalistes. Je ne sais plus comment je m'y suis pris, mais je t'ai embrassée en toute hâte, terrorisé à l'idée que tu bavardes avec le maître – mais j'étais bon élève, et tu « suivais » mes études de façon lointaine, heureusement –, que tu t'attardes. Tu as fini par partir. Le car aussi. J'ai raconté toute l'histoire aux autres, emmitouflés dans leurs confortables anoraks comme dans des sacs de couchage, et passé une nuit d'enfer dans des vêtements prévus pour tout sauf un pareil voyage… Aujourd'hui, je ne porte presque plus que des baskets et des vêtements décontractés.

Inaugurée sous de tels auspices, cette classe de neige fut un cauchemar. Sur les pistes, j'avais une peur bleue. Empoté, mal à l'aise avec mon corps, aussi peu souple que possible, je ne suis même pas parvenu à apprendre le chasse-neige, et fus donc le seul de la classe à ne pas décrocher ces jolies étoiles brillantes (une, voire deux pour les plus doués) que les autres ont arborées sur leurs pull-overs. J'avais détesté le ski, avec lequel je ne me suis réconcilié que bien plus tard – et encore, le ski de fond, pas l'autre. J'avais tenté une première approche du sport, fiasco complet. Et goûté aux loisirs de groupe, à la promiscuité : on ne m'y reprendrait plus. Tu eus beau tempêter, jamais je n'ai accepté que tu m'inscrives chez les scouts, ni que tu m'envoies en colonie de vacances. De toute façon, c'est papa qui aurait dû régler la facture, et je n'eus guère de peine à le convaincre que je n'étais pas fait pour ce genre de choses. Mon père était encore moins sportif que moi, aussi incroyable que cela paraisse, et trop angoissé pour me laisser partir à l'aventure. Je lui ai occasionné, depuis toutes ces années, avec mes lointains voyages, bien des frayeurs. Et je ne suis pas sûr qu'il s'y soit jamais habitué.

Une autre de tes obsessions était que j'apprenne à nager. Tu aurais rêvé d'un fils sportif, musclé, dragueur de filles et à l'aise en public. Et tu avais fait un rat de bibliothèque grassouillet, timide et complexé. Peut-être parce que je suis né sous le signe du Verseau, signe d'air, l'eau n'est pas mon élément. J'ai pris des bateaux, bien sûr, sans appréhension aucune. Mais l'idée de n'avoir plus pied, de ne plus maîtriser ma destinée, de risquer de mourir bêtement dans la mer ou dans le grand bain d'une piscine me terrorise. J'ai pourtant essayé. Ça aussi, c'est très Verseau : tenter des expériences, même si on sait par avance qu'elles seront désastreuses.

C'étaient mes dernières vacances avec ma grand-mère, en 1966, à Saint-Pair-sur-Mer. Et ça avait mal commencé. Nos habituels « Petits Ixias » n'étaient pas libres. Nous nous étions retrouvés dans un grand appartement, mais d'un immeuble éloigné de la plage et du centre-ville. En plus, Louise, veuve de Maurice depuis trois ans, avait recueilli sa sœur cadette Angèle, un peu simplette, qui avait connu des déboires avec ses enfants. Elle vivait avec nous depuis plusieurs mois, et je ne l'aimais vraiment pas. Nos querelles fréquentes empoisonnaient la vie de ma charitable grand-mère, dont je n'avais pas envie de partager l'affection avec quiconque, sauf mon père. De surcroît, comme souvent au mois de juillet en Normandie, le temps était exécrable. Il faisait frais, il pleuvait. Papa, venu nous installer au début des vacances, m'avait cependant inscrit à un cours de natation. Bravement, je prenais deux ou trois leçons par semaine, dans un grand bassin en plastique bleu, et sous la pluie. Mais on était déjà mouillé, n'est-ce pas. J'apprenais péniblement à faire la planche, muni d'un gilet de sauvetage, ou d'une bouée. Le cœur n'y était pas, et mes progrès lents. À la maison, l'ambiance n'était pas joyeuse. Ma grand-mère souffrante, je me retrouvais seul face à la grand-tante qui avait un petit pois dans la tête. Ce n'étaient pas les vacances dont rêvait un gamin de dix ans, même tranquille et sage pour peu qu'il ait des livres à lire. Je crois qu'à ce moment-là j'étais plongé dans la série des Jules Verne que Le Livre de Poche avait publiée, en fac-similé de l'édition Hetzel, c'est-à-dire avec les reproductions des gravures d'origine, en noir et blanc, qui me fascinaient et renforçaient l'atmosphère étrange des romans.

Un matin, donc, lorsque je suis revenu de ma leçon de natation, l'ambiance à la maison n'était pas ordinaire. La porte de l'appartement restait béante, il y avait du monde à l'intérieur que je ne connaissais pas. On faisait à peine attention à moi. Je me suis approché. Et j'ai compris rapidement, en apercevant son visage entre deux bonshommes dont l'un devait être un docteur : ma grand-mère était morte. La tête en arrière, la bouche ouverte, l'œil vitreux, comme si, à l'ultime instant, elle avait cherché cet air qui lui manquait tant. « Angine de poitrine », me dit-on plus tard. Expression bizarre, que je ne saisis toujours pas bien, et qui doit recouvrir un nom plus scientifique. Je me suis précipité, en larmes, vers le lit. Je me souviens de Louise, le col de sa chemise de nuit, ses cheveux blancs en mèches folles autour de sa tête. Le reste du corps sous les draps. Je l'ai embrassée, bien sûr, mais cela ne m'a pas autant marqué que le baiser d'adieu à mon grand-père, trois ans plus tôt. C'était moins solennel. Et j'étais plus grand. Le « petit homme » de la maison, disait Louise pour me faire plaisir.

Mais cette fois, c'était la vérité. Et c'est le « petit homme », qui ne pouvait pas compter sur la pauvre tante, qui a dû se débrouiller, sans doute avec l'aide de quelques voisins. De cette histoire, je ne me rappelle que deux scènes : Mme Michaud, l'agent immobilier qui nous avait loué l'appartement et connaissait la famille depuis des années, télégraphiant à mon père à Paris pour qu'il arrive au plus vite : « Mère gravement malade. Venir toute urgence. » Il a compris et nous a rejoints le lendemain. Et puis le retour à Paris dans le corbillard. J'étais à l'avant à côté du chauffeur, mon père derrière à côté de sa mère… L'enterrement, ce que je suis devenu pour le reste des vacances, s'est effacé.

Je me souviens très bien, par contre, de l'angoisse profonde qui m'étreignait. Ma grand-mère morte, chez qui je vivais, et mon père marié à une femme qui le trompait et dont il essayait de se séparer, qui ne pouvait donc pas me prendre avec lui, une seule solution restait, la pire : toi. Et c'est ce qui est arrivé. Je suis venu m'installer chez Michel et toi, dans une grande chambre tout en haut du petit immeuble dont le bistrot occupait le rez-de-chaussée.

Et je ne sais toujours pas nager.

IV

Je ne conserve pratiquement aucun souvenir de vous deux, papa et toi, les quelques trop courtes années où nous avons vécu ensemble tous les trois. J'étais trop petit, et je restais souvent chez mes grands-parents, qui s'occupaient de moi autant que vous. Je me rappelle bien notre appartement, en revanche, une grande pièce encombrée, avec un bahut au-dessus duquel trônait une télévision. L'une des premières, sans doute, en cette fin des années cinquante : papa fut un fan de la télé de la première heure, et il l'est demeuré. Plus tard, nous dînions devant la télé, nous y passions nos soirées et nos week-ends ; dès que j'ai acquis mon indépendance financière, à dix-neuf ans, et que j'ai loué mon premier studio, j'ai juré qu'il n'y aurait jamais la télé chez moi. Je suis resté fidèle à ce serment jusqu'à l'âge de quarante ans. Ensuite, est venue la maison de campagne, et la télé s'est imposée, afin de meubler les longues soirées d'hiver au coin du feu…

En cette époque pionnière, où l'on ignorait encore si l'étrange lucarne durerait ou si ce ne serait qu'un gadget éphémère, acheter un poste représentait un investissement. Aussi, les premiers temps, en avons-nous loué un. Sur le côté, il avait une espèce de tirelire, où l'on mettait un franc pour une heure d'émission. Papa devait avoir les poches bourrées de Semeuses. Mes grands-parents aussi avaient la télé. Un poste à eux. Mon grand-père également était un aficionado du petit écran. Cela lui a coûté la vie : il est mort, comme on sait, un dimanche après-midi, en regardant un match de rugby. Crise cardiaque, la France avait dû perdre…

Chez nous, il y avait ma chambre, à gauche de l'entrée, avec un lit que j'ai transporté longtemps, et une couverture rayée dans des tons rouges, roses et bruns, que je possède encore. Et la cuisine, spacieuse, claire, où nous prenions nos repas sur une table en Formica jaune avec les chaises assorties. Ah, ce Formica, un des emblèmes des années cinquante-soixante. Il avait détrôné le bois. Et je m'étonne toujours que ce matériau industriel et populaire soit aujourd'hui si recherché par les brocanteurs. Difficile de réaliser qu'un objet usuel de sa jeunesse soit devenu une « antiquité », comme un fauteuil Louis XIII ou un buffet Henri II : serait-on si vieux déjà ?

Comme la plupart des gamins, j'aimais bien les animaux, et je voulais en posséder à tout prix. On a dû m'offrir un aquarium avec des poissons rouges, mais les poissons rouges, ce n'est pas amusant, on ne peut pas jouer avec. Je crois me souvenir aussi d'une triste histoire de serins, laissés un jour seuls dans leur cage, sur le rebord d'une fenêtre ouverte, et que l'on a retrouvés fracassés dans la cour trois étages plus bas. Tout cela est assez flou. Je me rappelle par contre avec netteté l'épisode navrant des poussins : il était d'usage alors d'offrir aux enfants, à Pâques, un poussin, acheté chez le marchand de volailles. Il y en avait un en bas de notre immeuble. L'intérêt de la nouveauté passé, le poussin ne survivait pas plus de quelques jours : il mourait de consomption, ou écrasé par inadvertance. Son destin, d'ailleurs, était ainsi programmé : comment, l'animal eût-il vécu, cohabiter dans un appartement avec une poule ou un coq adulte ? Cette pratique barbare du poussin de Pâques a disparu. Je n'ai jamais pu convaincre mes parents de risquer des animaux plus sérieux, chat ou chien. Chez mes grands-parents, plus tard, j'ai eu des hamsters, sympathiques rongeurs beaucoup plus distrayants : je passais des heures à les regarder s'exercer dans une roue métallique. Et surtout, le dimanche, rituellement, nous les laissions sortir de leur cage pour une promenade en semi-liberté, sur la table de la salle à manger. Le hamster cavalait, et il fallait prendre garde à ce qu'il ne chute pas du haut de ce précipice. On ne le lâchait pas dans l'appartement, de peur qu'il ne file se cacher sous un meuble et qu'on ne puisse plus le récupérer.

J'avais cinq ou six ans quand papa a quitté la maison. Ce sont ses parents qui s'occupèrent de moi. Solution pratique : tu ne m'avais pas à charge, et je voyais papa tous les jeudis, puis tous les mercredis. Je ne pense pas que vous ayez continué à vous parler à mon sujet. La rupture avait, semble-t-il, été houleuse, bien que ma grand-mère ne m'ait pas fourni de détails. Tu ne m'en as pas donné non plus, lorsque je t'ai questionnée. « Nous ne nous entendions plus. » Certes. Jamais, en revanche, tu ne t'es livrée en ma présence à aucun reproche contre mon père. Contrairement à tant de couples qui se séparent, point d'acrimonie, de défauts épinglés. Une fois seulement, alors que je menais mon enquête de façon quasi journalistique (déformation professionnelle), et que je vous interviewais (séparément) sur les raisons du naufrage de votre couple, j'ai obtenu quelques précisions intimes. Côté paternel, on m'a laissé entendre qu'il y avait eu infidélité(s), en dépit d'une vie sexuelle

épanouie. « Car j'ai toujours été très sensuel. »
Côté maternel, on m'a confié : « Je n'ai jamais
vu ton père autrement qu'en caleçons, toujours
une écharpe autour du cou l'hiver, ne sachant
partir pour son bureau sans s'être gargarisé, pul-
vérisé, vaporisé et bourré de médicaments ! » En
dépit de ton sens de l'exagération, je suis assez
enclin à te croire, ayant pu apprécier depuis cinquante ans l'hypocondrie paternelle, et en ayant
même partiellement hérité. Vous étiez, je m'en
rends compte, particulièrement mal assortis,
mais on a connu tant d'unions de ce genre, et
qui durent pourtant toute la vie. Ce ne fut pas
votre cas. Et cela vaut mieux ainsi. J'ai souffert,
bien sûr, comme les enfants de divorcés ou de
séparés, mais j'y ai gagné en précoce autonomie,
et plus tard en totale liberté.

À ma connaissance, vous ne vous êtes revus
pour de vrai qu'une seule fois, et dans des circonstances cocasses. En mai 68, pour ma communion solennelle. Rétrospectivement, je ne
pense pas avoir jamais eu la foi. Mais nous étions
catholiques, parce que c'était comme ça. Ça
allait de soi. Aucun d'entre vous n'était prati-
quant, n'allait à la messe en dehors de quelques
rendez-vous inévitables (les enterrements par
exemple), même pas à Noël. Je ne sais si vous
étiez croyants. Difficile, quand on est gosse et
même plus tard, d'aborder ce genre de sujet à

brûle-pourpoint, avec ses proches : « Au fait, tu crois en Dieu ? et est-ce que je pourrais ravoir du dessert… » Non, pas possible. J'ai été élevé dans le culte de la pudeur, de la discrétion. Aucun sujet n'était décrété « tabou », on n'en parlait pas, c'est tout. Pas très moderne, comme éducation. Mais je n'avais autour de moi que des « vieux ». Pas de frères et sœurs, peu de copains de mon âge. Toujours est-il qu'on m'avait inscrit aux cours de catéchisme, et que je les ai suivis sans me poser de questions. C'était comme une matière supplémentaire à étudier, une troisième langue étrangère (lorsqu'en sixième j'eus commencé l'allemand et le latin, comme les bons élèves de l'époque) avec plein de leçons et de prières à apprendre par cœur. Et j'aimais ça. La religion offrait aussi l'avantage appréciable de me faire sortir de chez moi le jeudi après-midi, pour aller au patronage, et le dimanche matin pour assister à la messe : c'était obligatoire, il fallait faire tamponner par le curé une carte « de fidélité » à la sortie, et, sans carte pleine, point de communion solennelle.

Ainsi en avait décrété l'aumônier de mon lycée, dont j'ai oublié le nom – alors qu'un autre prêtre, celui de la paroisse de mon enfance, Saint-Éloi, que nous connaissions un peu, et qui avait célébré ma communion privée et les enterrements de mes grands-parents, m'a davantage marqué. L'abbé

Lasnier. Je l'ai retrouvé par hasard, bien des années plus tard, place Saint-Germain-des-Prés, devant l'église où il avait été nommé.

L'aumônier du lycée Charlemagne était un type énergique, qui s'adressait à nous sans fard. Avec lui, on pouvait aborder de nombreux sujets, pas forcément religieux : il nous parlait de morale, d'engagement, du tiers-monde. Je l'appréciais tant qu'après ma communion j'ai même suivi une année de « persévérance », pour le plaisir.

C'est lui qui se chargeait de la cérémonie, puisque le lycée, adossé à la sublime église jésuite Saint-Paul-Saint-Louis, celle du père La Chaise, où le cœur du roi lépreux avait été déposé, était notre paroisse. Il avait fixé la date, un dimanche du beau mois de mai 1968, et les modalités : deux cortèges, celui des garçons de Charlemagne à droite de l'église, celui des filles de Sophie-Germain (le lycée voisin, qui faisait aumônerie et église communes avec nous – en ce temps-là la mixité n'existait pas dans l'enseignement) à gauche, et tout le monde en aube blanche : pas question que les plus riches puissent arborer de beaux costumes neufs et les autres recycler ceux de leur(s) frère(s) aîné(s). Je trouvais cela juste, et qui nous arrangeait plutôt : si tant est que nous ayons eu les moyens de m'offrir un costume pour l'occasion, mon premier, quand l'aurais-je ensuite porté ? Nous ne menions aucune « vie mondaine » et n'étions invités nulle part. Sans parler des inévitables séances de torture lors des essayages et après : j'ai dit que mon corps de préadolescent dodu n'était guère à l'aise dans les vêtements, surtout les pantalons. J'ai longtemps usé de bretelles (c'était ringard, mes copains en jeans se payaient ma tête) pour éviter d'être serré par une ceinture.

Avec ta radinerie coutumière, tu n'avais pas voulu m'acheter une aube neuve. On en avait loué une, modeste et courte, chez un teinturier du quartier. Peu importe, disais-tu, puisque ce n'était que pour une journée. Certes. Le dimanche fatidique, nous devions nous retrouver devant l'église, tôt le matin, et tous en tenue. Aucun vestiaire prévu. Cela supposait que nous partions de chez nous en aube, et que celle-ci reste immaculée, comme nos âmes, jusqu'à la fin de la cérémonie. Bien entendu, ce matin-là, il pleuvait. Nous n'avions pas de voiture. Nul taxi à l'horizon. Et l'on était au cœur des « événements de Mai », le pays était paralysé. Toi et moi avons donc remonté le faubourg Saint-Antoine à pied, puis en stop : un conducteur charitable – et à qui il restait de l'essence – avait eu pitié du communiant qui s'appliquait à retrousser sa robe blanche afin de ne pas la souiller de boue…

Le reste de la famille, en l'occurrence mon père et ma marraine – ma grand-mère était morte deux étés auparavant –, était venu de son côté.

Ma marraine Hélène, c'était la star, la dépositaire des traditions et la garante des repères, pour nous qui n'en avions guère. Ardéchoise et fière de l'être, comme toute la famille paternelle, elle possédait au sud du département, non loin de la frontière avec le Gard, une solide bâtisse au milieu des fougères et des châtaigniers où elle passait les mois d'été, fuyant son petit appartement parisien, une bonbonnière surchargée de meubles, de bibelots, de tentures et de fanfreluches, qui aurait pu convenir – sauf votre respect, Marraine – à une cocotte de la Belle Époque. Dont vous cultiviez d'ailleurs quelques traits : une gouaille élégante, un côté volontiers rétro, et une façon coquette de laisser entendre que, en votre temps, vous aviez été fort courtisée.

Hélène avait un caractère entier, et ne s'était jamais mariée. Elle n'avait pour toute famille que les cousins ardéchois, agriculteurs qui cultivaient des pêches, et nous. Mon grand-père était son cousin germain, mon père son cousin, et moi, par conséquent, son petit-cousin. Elle avait eu autrefois un frère, Maurice, tué à la guerre de 14, qu'elle évoquait avec émotion. Élève à l'école Boulle (située, coïncidence, au bout du même passage que mon école primaire), et promis à un brillant avenir artistique, si l'on en juge par le joli bronze de cheval sans cavalier qu'il avait sculpté et dont j'ai hérité. Vissé sur son socle de marbre, il dort dans ma bibliothèque, non loin de la table où j'écris. La famille étant fort restreinte, et composée de gens âgés, il était d'usage que parrain et marraine soient choisis dans cet entourage proche : mon grand-père Maurice (défunt) était mon parrain, et Hélène ma marraine. Avant moi, elle était aussi la marraine de mon père, ce qui provoquait entre nous quelques taquineries. « Duquel des deux, Marraine, êtes-vous *vraiment* la marraine ? » lui demandais-je, la voussoyant tandis que papa la tutoyait. Ce à quoi la brave femme répondait qu'elle nous aimait autant l'un que l'autre, ce qui était sans doute vrai.

Un été, même, elle m'avait invité chez elle en vacances, dans ce hameau d'Ardèche dont elle portait le nom chantant, Chazalette. Un mois en tête à tête avec quelqu'un chez qui je n'avais passé qu'une journée de temps en temps, déjeuner ou goûter en famille, j'en concevais de l'appréhension. Il y a bien eu quelques frictions, quelques réprimandes à propos des « bonnes manières ». Et je me suis enquiquiné ferme, le soir surtout : Marraine n'avait pas la télévision. Adieu mes chers Zorro, Thierry la Fronde ou Belphégor... Dieu merci, dans la journée, j'étais libre de mon temps, et j'adorais accompagner mes cousins cueillir les pêches, les ranger soigneusement une par une dans des cageots et les livrer, dans une invraisemblable Deux-Chevaux rafistolée de partout et brinquebalante, à la coopérative. Avec eux, je pouvais me montrer spontané, plaisanter, dire des gros mots (ils m'ont appris quelques jolis jurons locaux). J'aimais aussi regarder les joueurs au terrain de boules, des papys ombrageux qui disputaient chaque point comme si leur vie en dépendait, et utilisaient, pour ramasser leurs deux grosses boules (ici, on jouait à la « lyonnaise »), un petit aimant suspendu au bout d'une ficelle. Ils m'accueillaient avec bienveillance, et ont accepté de me laisser tirer deux ou trois fois, mais pas pour de vrai. Eux jouaient sérieusement, pour le pastis.

J'éprouvais beaucoup d'affection pour Marraine, qui avait un tempérament primesautier, aimait la plaisanterie et les plaisirs de la vie. Croyante (même si elle non plus n'allait pas à la messe), elle attachait de l'importance à ma communion, et je savais que, en dépit des circonstances, les traditions seraient respectées. Nous nous sommes retrouvés tous les quatre sur le parvis, puis j'ai rejoint mes condisciples tandis que vous vous installiez dans l'église. Je n'ai aucun souvenir de ce que vous vous êtes dit, si papa et toi vous êtes embrassés, ou simplement salués, un peu gênés. J'étais tout excité par la cérémonie, par ce que nous avions à faire, minutieusement répété. Je me rappelle, en revanche, qu'il faisait glacial dans Saint-Paul-Saint-Louis, et que nos aubes étaient bien légères. À un moment, en plein sermon de l'aumônier, le micro s'est mis à siffler, puis le courant a été coupé. Nous sommes restés de longues minutes dans le silence et dans une pénombre atténuée seulement par les cierges. Puis, *fiat lux* à nouveau. Intervention divine ou mansuétude de la CGT, la cérémonie a repris son cours, jusqu'à l'apothéose : nous devions sortir sur le parvis, garçons et filles en une double procession, tenant chacun un cierge à la main. Il pleuvait encore, il y avait du vent, la cire brûlante nous coulait sur les doigts, et il fallait garder le pas, sous peine de piétiner l'aube du garçon devant soi. Quelques photos, salutations à l'aumônier, et personne ne s'est attardé. Les plus chanceux sont partis en voiture au restaurant. D'autres sont rentrés chez eux, où un déjeuner familial les attendait. Et nous ?

Tu as voulu immortaliser l'événement. Nous avons déambulé dans les rues du Marais, qui ne ressemblait pas du tout à ce qu'il est devenu. C'était un quartier populaire, où, à part quelques très beaux hôtels particuliers, la plupart des bâtisses et des immeubles étaient sombres et mal entretenus. Nous cherchions un photographe professionnel, un dimanche, à midi. Par chance (ou peut-être le bonhomme s'était-il douté qu'il ferait des affaires ce jour-là), nous en avons déniché un rue de Turenne, qui a fixé le communiant pour la postérité : le portrait, je le reconnais, était fort réussi. J'arborais réellement une mine angélique. Tu l'as conservé, encadré, sur la commode de ta chambre. Et un tirage m'en est, miraculeusement, parvenu, bien protégé sous une espèce de papier calque gaufré.

Mais la séance avait pris du temps. Il nous fallait désormais trouver un restaurant, personne n'ayant eu l'idée de réserver. Je crois que nous avons déjeuné dans une brasserie du boulevard Beaumarchais. J'ai oublié le menu, mais c'est là que j'ai reçu mes cadeaux : mon premier appareil photo, un Instamatic Kodak dont je me suis long-temps servi, ma première vraie montre d'adulte, avec un bracelet en croco noir et des aiguilles dorées, dont l'une trottait à toute allure, une gourmette en argent. La famille avait beau être singulièrement décomposée, il fallait que les tra-ditions, les apparences, soient respectées. Mar-raine m'avait aussi offert un missel, avant la communion, joliment relié de cuir fauve, où j'ai rangé quelques images pieuses, les miennes et celles de quelques camarades.

Ce qui m'étonne, après toutes ces années, dans le fonctionnement de la mémoire, c'est ce mélange de précision dans certains détails, dont on se souvient « comme si c'était hier », et de vastes zones d'ombre : je ne me rappelle rien du déjeuner, de ce que vous vous êtes dit.

Je sais que Marraine ne t'aimait pas beaucoup, elle me l'a plusieurs fois laissé entendre. Mais je suppose que, en un jour pareil, toutes les tensions étaient oubliées en mon honneur. Personne n'en a plus reparlé.

Bizarre, alors qu'au sujet de Marraine tu racontais volontiers une anecdote bien plus ancienne, du temps où vous viviez ensemble, papa et toi, et où je n'étais pas né. Histoire d'autant plus précieuse pour moi, qui suis en quelque sorte devenu le mémorialiste familial. C'était à un réveillon, dans son coquet appartement. On avait servi des huîtres, forcément, et papa déteste ces mollusques, tandis que toi tu en raffolais. Puis, grand moment, arrive la volaille (dinde, poularde ?). Mon père, l'homme de la maison, entreprend de la découper et se rend compte que la volumineuse bestiole n'est pas assez cuite. Loin s'en fallait, apparemment. Que faire ? Le signaler à Marraine, au risque de la vexer, ou continuer comme si de rien n'était. Papa a choisi la deuxième solution, par timidité ou excessive politesse. Et il a dû avaler son blanc quasiment saignant. Depuis, il exige sa viande très cuite, presque à l'anglaise. J'aimais bien cette histoire, ton humour et, oui, ta tendresse. J'éprouvais un instant l'illusion d'avoir eu une famille normale, heureuse, et le regret que ça n'ait pu durer...

Marraine, qui avait vendu sa maison en viager, est morte depuis longtemps, fort âgée, bien qu'elle se soit toujours ingéniée à dissimuler sa date de naissance. J'étais encore jeune, et c'est mon père et sa dernière épouse (ma belle-mère actuelle) qui se sont occupés d'elle jusqu'au bout. L'enterrement ayant lieu en Ardèche, on n'a pas jugé nécessaire que j'y assiste. Je n'ai pas insisté. Mais, regardant le vase pseudo-chinois autrefois transformé par elle en lampe de chevet et à qui j'ai restitué son usage d'origine, ou, plus souvent, le fier cheval de hussard sculpté par son frère, l'arrière-cousin, avant qu'il devienne poilu et se fasse tuer, je n'oublie pas la chère Hélène, avec son rire en cascade et sa gourmandise de vivre.

Quant à la religion et à la foi, je les ai perdues, si tant est que j'aie cru dans ma jeunesse. *Non credo, quod absurdum.* Je suis un catholique esthétique, qui fréquente volontiers les églises, à l'étranger surtout, par amour de l'architecture, de l'art et de la liturgie. Partisan, à ce titre, de la messe en latin, pour la beauté de la langue, qui masque les mots banals prononcés par le prêtre et les fidèles. En Italie, à Rome, je ne manque jamais un office. J'aime la pompe, le mystère, l'encens, les ors et les grandes orgues. Mais comme, en Inde, j'éprouve plaisir et émotion à visiter des temples, pour y accomplir de temps à autre une *pūjā*.

À un seul moment, j'ai connu un regain de catholicisme, mais c'était plus une attitude « politique », et mon esprit de contradiction n'y était pas étranger. C'était durant mon année d'hypokhâgne. Nous avions un professeur de philosophie marxiste pur jus (de l'école althussérienne), qui ne jurait que par la trinité Marx-Freud-Lénine et « bouffait du curé » à chaque cours, s'emportant dans des digressions oiseuses qui nous passaient au-dessus de la tête et ennuyaient à périr la plupart d'entre nous. Pour conserver autant de hargne, il avait dû être élevé chez les frères, voire fréquenter le séminaire. Toujours est-il que, n'entendant pas grand-chose à la philosophie en général, encore moins au matérialisme historique et au marxisme-léninisme, après avoir tenté en vain de m'intéresser à la triade adulée par mon prof, et même (*horresco referens*) truffé mes dissertations de citations de ses auteurs favoris en croyant ainsi m'attirer des notes moins minables (échec : je n'ai jamais, sous la férule de M.B., dépassé huit ou neuf), j'avais enfin résolu de prendre l'absolu contre-pied de notre tyran. Adieu Marx, Freud et consorts, et vivent Bernanos, Mauriac, Claudel, Péguy et Maurras. J'ai lu ou relu ces auteurs, choisis temporairement comme mes maîtres à penser, et les ai cités à profusion : mes notes n'en furent pas plus calamiteuses. M. B. était soit fair-play, soit pervers. Au fond, je reste passionnément gidien : je déteste tous les convertisseurs, et, lorsqu'on essaie de me tirer dans un sens, je m'empresse de fuir dans l'autre. Mon retour de flamme catholique n'ayant été provoqué que par des causes profanes puériles et par aucune « tentation mystique », il s'est éteint de lui-même lorsque j'ai quitté Louis-le-Grand pour la Sorbonne, où, Ganesh merci, je n'avais plus à suivre de cours de philo. Grâce au grec et au latin, j'ai pu laisser s'épanouir mon paganisme et mon polythéisme naturels, qui me préparaient, inconsciemment, à découvrir et aimer l'Inde.

V

Te parlant, c'est tout un passé enfoui qui réapparaît, que j'avais cru ou voulu oublier. La mémoire n'en fait qu'à sa tête, qui peut aussi bien gommer des pans entiers de vie que conserver la trace d'atmosphères, de paroles ou d'intonations de voix pourtant mortes depuis si longtemps.

Même quand vous habitiez ensemble, papa et toi, je vivais la plupart du temps chez mes grands-parents. Je ne sais plus comment cela s'organisait, mais j'avais deux foyers, dont l'un où j'étais le petit prince. Le petit-fils unique que l'on gâtait, à qui l'on pardonnait tous ses caprices. C'est du moins ce que tu m'as dit plus tard, avec une nuance de reproche, du genre : « Si l'on m'avait laissée faire, je t'aurais autrement dressé. » À Dieu ne plaise… Le système paternel te convenait : ton enfant ne t'encombrait pas.

Mes grands-parents habitaient un deux pièces assez sombre, petit-bourgeois, écrasé de meubles trop imposants pour l'espace, buffet Henri II de rigueur, gros fauteuil profond défoncé où mon grand-père passait ses après-midi à lire. Il m'impressionnait un peu, me paraissait si vieux, pépé. Il faut dire qu'il avait fait la guerre de 14 (les pieds gelés à Verdun), ce dont il ne parlait pas volontiers. Pas plus que papa qui, durant longtemps, ne racontera de sa guerre de 39 et de ses années de captivité que quelques anecdotes tragi-comiques – les hommes de notre famille sont pudiques et secrets. Et pour un gamin des années soixante, même féru d'histoire, cela paraissait aussi lointain que le Moyen Âge ou les guerres napoléoniennes. Mais je sais qu'il m'aimait bien, me prenant parfois sur ses genoux pour me raconter des histoires qu'il avait glanées dans ses livres. Il me chantait aussi des chansons de son temps, la fameuse Belle Époque, *Viens, Poupoule* par exemple.

Avec ma grand-mère, j'étais plus à l'aise, en totale communion. Elle m'aimait autant que son fils, dont j'étais le fils. Avec une patience infinie, elle m'avait appris à lire et à écrire, et consacrait le plus clair de son temps libre à jouer avec moi. Elle me confectionnait des déguisements de roi, couronne en papier, cape taillée dans une vieille couverture, avec épaulettes en plastique rouge, dans lesquels je paradais en m'inventant des contes dont j'étais le héros. Parfois, nous fabriquions ensemble de la pâte à papier artisanale, et de la colle blanche à base de farine, avec quoi nous réalisions de petits livres, quelques feuillets cousus. J'adorais cela. Naissance d'une vocation ? J'aurais rêvé, dans une autre vie, d'être un éditeur-imprimeur à l'ancienne, un Guy Lévis Mano, tirant ses ouvrages à peu d'exemplaires, textes de grands poètes illustrés par les plus grands peintres. J'aurais rêvé aussi d'être archéologue, ou paléographe. Tout cela a une cohérence : le goût des livres, du passé, de la recherche.

Ma grand-mère disposait de peu de loisir. À la maison, elle faisait tout. Non seulement les tâches ménagères, l'organisation du quotidien, l'éducation de son petit-fils, mais c'est elle aussi qui gérait les affaires. Elle n'avait jamais, à ma connaissance, exercé de métier. Mon grand-père, lui, avait été jadis ouvrier chez SKF à Ivry-sur-Seine. Mais il avait pris sa retraite jeune, et ils vivaient de leurs rentes : des maisons en province, vendues apparemment avec profit, et surtout un immeuble à Ivry, mis en location, dont ma grand-mère percevait les loyers. Je l'y ai accompagnée quelquefois, non sans fierté. Nous étions chez nous, n'est-ce pas ? L'immeuble en briques se dressait au milieu d'un grand jardin, où il y avait un poulailler. Pour y aller, en ce temps-là, c'était une expédition. Le métro était loin, le RER dans les limbes. Nous avons conservé l'immeuble jusqu'à ce que ma grand-mère le vende, afin de donner de l'argent frais à mon père, englué dans l'un de ses divorces à répétition et financièrement ruineux. Mais « l'immeuble d'Ivry » est toujours demeuré dans la geste familiale comme une espèce de pactole. Nous avions « eu du bien », comme on disait au XIXe siècle, et nous n'en avions plus… Tu m'as confié une fois que, si papa avait consenti à s'installer là-bas avec toi, c'est-à-dire plus à l'aise et loin de ses parents, le sort de votre couple aurait pu en être changé. Peut-être. Mais, te connaissant, cette hypothèse me laisse sceptique. Je t'imagine mal, dans ta jeunesse, en gentlewoman de banlieue, attendant sagement, au foyer, de ton mari le retour du bureau.

Modestement, mais confortablement, mes grands-parents vivaient donc de leurs rentes. La table était bonne, les vins de qualité (Pommard ou Châteauneuf-du-pape le dimanche et les jours de fête), d'où mon goût, tôt formé, pour la gastronomie et les grands crus. Nous partions en vacances deux mois chaque été. En revanche, mes grands-parents n'avaient pas d'amis, et ne recevaient personne d'autre que mon père. Mode de vie qu'il reproduira à son tour. Je n'ai jamais connu dans mon enfance et mon adolescence de grandes tablées bruyantes et décontractées, ni même de fêtes, hormis les réveillons, toujours familiaux et en petit comité.

Ma grand-mère, qui était la bonté et la disponibilité mêmes, avait certes des « copines » dans l'immeuble. Deux dont je me souvienne. L'une, qui habitait le même étage que nous, à quelques portes de distance, était une Alsacienne, que j'appelais Tata. Elle était neurasthénique, mariée à un imprimeur alcoolique et violent qui la battait lorsqu'il rentrait le soir éméché, qui ne parlait à personne et dont la seule réputation me terrorisait. J'aimais bien aller chez elle dans la journée, parce qu'elle avait une chienne, un berger allemand avec qui je jouais, qu'elle me gâtait, et qu'elle était plus jeune que ma grand-mère. C'était presque une copine. Mes grands-parents l'appréciaient, mais pépé regardait notre familiarité d'un œil circonspect, car il trouvait Tata un peu « mauvais genre ». On lui prêtait des amants. Et puis elle fumait des cigarettes : ça aussi, pour une femme, c'était « mauvais genre ». Je me rappelle les remarques familiales indignées, quand on allait se promener au bois de Vincennes (assez loin de chez nous, mais on m'y emmenait tous les jours, à pied, quand j'étais petit), et que nous croisions une jeune femme poussant un landau la clope à la bouche.

Quand je rentrais de chez Tata, je sentais le tabac. Et mon grand-père, qui fumait autrefois la pipe mais avait cessé depuis longtemps, sur les conseils d'un médecin et par peur, semble-t-il, de mourir d'un cancer du poumon, détestait cette odeur. On me changeait de vêtements des pieds à la tête. Cette horreur du tabac s'est transmise chez nous : mon père n'a jamais fumé de sa vie, même pas une cigarette avec ses copains de régiment, pour faire viril. Et quand j'ai commencé, j'ai dû user de ruses de Sioux et de force bombes désodorisantes pour dissimuler mon vice au très sensible odorat paternel.

L'autre relation de ma grand-mère était une vieille fille, Mlle C., qui avait connu des jours meilleurs. Elle devait venir d'une bonne famille, et avait reçu une certaine éducation. Lorsqu'elle était sobre, sa conversation laissait transparaître sa culture, musicale surtout. Mais « elle avait eu des malheurs », disait-on, et s'était mise à boire. Si bien que souvent elle peinait à articuler quelques mots et s'oubliait. On la raccompagnait alors chez elle, un ou deux étages en dessous. Ma hantise, lorsqu'elle venait à la maison, était qu'elle m'embrasse. Elle me faisait un peu peur, je n'aimais pas son odeur, un mélange de sur, de rance et de poudre de riz, et surtout je redoutais son rouge à lèvres, dont elle usait avec excès. Si je m'étais laissé attraper, me raidissant, ma grand-mère me regardait, inquiète que je fasse quelque remarque ou quelque geste « malpoli » (j'ai toujours eu beaucoup de peine à dissimuler mes pensées, émotions ou sentiments). Et sitôt la vieille demoiselle partie, je me précipitais à la cuisine (nous n'avions pas de salle de bains) pour me frotter le visage au gant de toilette en jurant que la sorcière ne m'y reprendrait plus.

Si l'on excepte l'école – mais je n'avais pas de copain avec qui je sois assez lié pour aller jouer chez lui ou qu'il vienne chez nous –, j'étais entouré seulement d'adultes, de « grandes personnes », et l'on me considéra bientôt comme l'une d'entre elles, ce qui n'a pas que des inconvénients. J'ai mûri précocement, me privant peut-être de certains plaisirs, que je rattraperais plus tard.

Mon unique copain était Christian D., le petit-fils de notre concierge, cerbère à l'ancienne qui faisait régner dans l'immeuble son ordre de (paille de) fer. Nous la craignions tous, celle qu'on appelait « la mère D. », et qui n'avait guère de faiblesses que pour son Christian. Nous avions environ le même âge. Lui aussi, ses parents étaient divorcés, et il restait souvent chez sa grand-mère. Mais il était plus grand, plus beau, plus svelte, et surtout beaucoup plus déluré que moi. Il passait son temps à me taquiner, et je me vexais. Mais au fond nous nous aimions bien. C'était mon ange tentateur, celui qui avait toujours des idées de bêtises à faire, qui m'inquiétaient et auxquelles je refusais au début de participer. Et puis naturellement je cédais, pour le frisson délicieux du fruit défendu. Inutile de préciser que mes grands-parents voyaient cette camaraderie d'un mauvais œil, surtout quand Christian venait flanquer la pagaille chez eux. On considérait qu'un garçon bien élevé et bon élève n'avait rien à faire avec ce « gamin turbulent », sans aucun doute un « futur voyou »...

Le plus souvent, nous jouions dans la loge de la mère D., qui disposait d'une chambre séparée par une épaisse tenture. Tant que la maritorne était là, nous demeurions bien sages. Mais dès qu'elle s'absentait pour faire des courses ou vaquer à ses fonctions, ce diablotin de Christian se déchaînait. Sexuellement précoce, il affectionnait un jeu que je détestais, mais auquel à sa demande insistante je finissais par me prêter. Il s'agissait de sortir son zizi et de faire semblant de pisser. Rien d'autre, mais cela me paraissait déjà très mal, et je me gardais bien d'en parler à quiconque. On m'aurait interdit de revoir Christian, lequel aurait sûrement reçu une correction. Et puis « cafter », c'est aussi mal que pécher. Je n'avais évidemment pas lu, à l'époque, *Si le grain ne meurt*, et jamais

Christian n'alla plus loin. Ensuite, nous nous sommes perdus de vue.

Christian avait inventé un autre jeu, beaucoup plus dangereux, plus excitant aussi. Notre immeuble était bâti sur une espèce de dalle de béton, avec en dessous un garage auquel les voitures accédaient, depuis la rue, par deux rampes, l'une pour entrer, l'autre pour sortir. Or, dans le couloir de l'immeuble, presque face à la loge de la concierge, une porte menait aux caves, qui communiquaient avec les sous-sols. Je ne sais si la porte restait ouverte, ou si mon copain « empruntait » la clé à sa grand-mère, mais plusieurs fois nous avons joué les explorateurs au centre de la Terre, nouveaux héros de Jules Verne sans le savoir, surtout Christian qui semblait déjà clairement préférer les filles aux bouquins. Je me rappelle parfaitement ma peur bleue que nous nous fassions prendre par quelque employé du garage, ou, pire, par la mère D., qui se serait aussitôt empressée de me dénoncer à mes grands-parents, sur le mode : « Vous voyez, votre chérubin, lui aussi il en fait de belles ! » Je suis certain qu'elle en aurait profité – l'amour est aveugle, et nos familles entretenaient entre nous une rivalité plus ou moins consciente, dont les études constituaient la pierre angulaire (et j'ai toujours été bon élève, on s'en souvient) – pour prétendre que l'idée venait de moi et non de son bambin, si sage, si mignon... Il faut dire que Christian, avec ses cheveux blonds coupés court, ses yeux clairs, son joli sourire, avait une belle petite gueule, un charme fou que même un nævus pileux sur la joue ne parvenait pas à altérer. On lui aurait « donné le bon Dieu sans confession », comme l'on dit, sans son rire, tonitruant et un peu démoniaque, et son imagination jamais en panne de sottises. Mais le côté noir de ce Janus *bifrons*, je devais être l'un des seuls à le connaître.

Nous parcourions les sombres galeries qui conduisaient aux différents niveaux souterrains du garage. C'était poussiéreux, étouffant, lugubre. Nous nous dissimulions derrière les voitures lorsque nous entendions des pas, une voix. Parfois, nous ressortions à l'air libre, soit dans la rue, soit dans une cour intérieure, dont je me suis rendu compte un jour que les fenêtres de la cuisine de mes grands-parents donnaient juste au-dessus. Mais ils ne passaient pas leur temps à la fenêtre, et nous n'avons jamais été attrapés. Nous prenions garde, au retour, de secouer nos vêtements, et d'effacer d'éventuelles traces de cambouis sur nos visages ou nos mains. Mais finalement on nous laissait assez libres, et il n'y a jamais eu d'incident.

C'est peut-être à ces premières expériences souterraines que je dois ma claustrophobie : j'ai souffert comme un damné dans la pyramide de Chéops, ou lors d'un reportage en Italie du Sud, quand le photographe qui m'accompagnait voulut à tout prix visiter des grottes glaciales et suintantes d'humidité, alors qu'il faisait divin au-dehors. Je ne serai jamais un baroudeur, un Indiana Jones. Seul mon père, pusillanime, me considère ainsi. Pour toi, à ton grand dam au début, pour ta plus grande fierté ensuite, j'étais un « intellectuel ». Mais je ne t'ai pas vraiment raconté ma vie, confié mes secrets ni mes aventures…

VI

Non, pas question d'amour entre nous. Je t'en prie, un peu de décence. Pas même cette naturelle affection qu'éprouvent les uns envers les autres les membres d'une famille normale, parents et enfants, fondée sur le respect et sur un certain nombre de droits et de devoirs réciproques. Par ton imposture, par ta vie erratique et égoïste, tu t'étais exclue de ce type de relation. Cela, j'aurais encore pu l'admettre, si tu l'avais clairement exprimé. Après tout, une mère n'est pas obligée d'aimer son enfant, et un fils peut vivre sans mère, j'en suis la preuve. Mais ce qui n'était pas supportable, c'étaient tes exigences, ta tyrannie, les hommages que tu réclamais, comme si tu avais été une mère exemplaire, légitime candidate à ma reconnaissance.

Quand j'étais petit, que je ne maîtrisais pas encore mon argent de poche, papa et sa mère finançaient discrètement les boîtes de chocolats ou les bouquets de fleurs que tu t'attendais à recevoir pour ton anniversaire, ta fête, ou toute autre occasion carillonnée. Impossible d'y échapper, tu aurais joué un de ces drames dont tu avais le secret, hurlements et prises à témoin alentour combien tu avais un mauvais fils, un ingrat, incapable de te remercier des sacrifices que tu faisais pour lui. Mais bien plus tard aussi, j'avais obligation de te faire plaisir. Ce n'était pas facile. Nous avions peu de goûts en commun, on l'a vu. Les cadeaux risquaient de tomber à plat, et tu n'étais pas du genre à prendre sur toi, faire semblant d'apprécier quelque chose qui ne t'aurait pas plu. J'en avais fait une fois l'expérience.

Tu travaillais encore dans ton café. Je me souviens de notre arrivée triomphale, ma grand-mère et moi. Ce devait être un mercredi après-midi. Et ton anniversaire. Je brandissais un bouquet d'œillets rouges, presque aussi grand que moi, qui avait dû coûter une fortune, et que je t'ai offert, m'attendant à des remerciements proportionnels à la beauté des fleurs. Erreur. Tu t'es mise à vociférer, devant les rares clients qui sirotaient leur café, que les œillets portaient malheur, et que jamais tu n'en voudrais chez toi. Incrédule, j'insistais, rougissant, sur la fraîcheur des couleurs, l'allure du bouquet, que sais-je ? En vain. Tu es demeurée superstitieusement intraitable, et j'ai dû repartir, humilié, les larmes aux yeux, avec mes œillets. Je pense que nous les avons gardés pour la maison.

Je me rappelle aussi, des années plus tard, le casse-tête des réveillons. À l'origine, il avait été établi que je passais le réveillon de Noël avec toi, celui du nouvel an avec papa et sa femme. Le système a fonctionné tant que j'étais jeune. Puis j'en ai eu assez de me retrouver bloqué, sans pouvoir partager une des deux fêtes de fin d'année avec mes amis. Privé de réjouissances, c'était injuste. J'ai négocié avec mon père, sans difficulté aucune, des réveillons « mixtes », que j'organisais chez moi, et où tout le monde prenait plaisir à se réunir. Mon père adorait jouer les séducteurs devant mes amies, et même, à soixante-dix ans passés, inviter l'une ou l'autre à danser un tango ou un paso doble, souvenirs de sa folle jeunesse. Nous avons ainsi connu des moments mémorables, chaleureux, différents d'autres ambiances familiales, parfois guindées. Avec toi, ce fut une autre histoire. Tu affichais un sens des convenances très bourgeois, bien peu cohérent avec la façon dont tu menais ta vie. Tu ne supportais pas de me « partager » avec qui que ce soit. Tu refusais de venir à la maison, il fallait que ce soit moi qui me transporte dans ta banlieue, ce qui supposait que je reste dormir (j'avais horreur de ça). J'ai essayé de te désaccoutumer en douceur de nos habitudes, en m'absentant de France pour les fins d'année. Je programmais un voyage au soleil, récompense méritée de mois de labeur soutenu. Mon père s'en réjouissait. Toi non, mais tu n'osais rien dire. Et j'organisais, à mon retour, des dîners de rattrapage. Qu'importe de se réunir le 24, le 25 décembre ou le 3 janvier pour passer un moment ensemble et s'offrir des cadeaux. Mais une année, tu as refusé de te joindre à papa, ma belle-mère et moi pour un réveillon improvisé. Une autre, tu m'as infligé une scène éprouvante, menaces et larmes de circonstance, parce que Fabrice, un de mes amis, et sa mère Odette se retrouvant seuls pour Noël, j'avais proposé de nous rassembler tous. C'était plus que je n'en pouvais accepter. Je me souviens d'une dispute au téléphone, à mon bureau : je t'ai dit que je ne supportais plus ton égoïsme, ta possessivité hypocrite, que je ne te devais rien, que tu n'avais aucun droit sur moi étant donné que tu ne t'étais jamais occupée de moi quand j'avais besoin d'une mère, etc. Et j'ai raccroché, devant mes collègues médusés. C'était la rupture. Tu as boudé durant plusieurs mois. Et puis tu es venue à Canossa, consciente d'avoir exagéré. Je ne t'ai adressé aucun reproche, comme si de rien n'était, que nous nous étions quittés la veille. Par la suite, tu t'es gardée de provoquer de nouveaux conflits sur le sujet. Ce qui nous a permis de passer quelques réveillons sereins et amusants.

Car nous n'eûmes pas que des orages. Lorsque tu avais envie d'être de bonne humeur, tu pouvais te montrer la plus charmante des femmes, la plus attentionnée des mères : même mes amies proches, au fait de notre situation, en restaient parfois stupéfaites. Tu aimais à débarquer chez moi, à Paris, le samedi en fin de matinée, pour préparer le déjeuner. Surtout lorsque j'ai loué, pendant deux ans, une délicieuse maison dans le XVe arrondissement, avec un petit jardin. Tu aimais sincèrement la nature, et prenais plaisir à planter, tailler, traiter fleurs et arbustes. Nous bavardions alors de façon décontractée, et tu t'abandonnais (relativement : jamais rien sur ta propre histoire) à raconter quelques anecdotes de mon enfance, avec une verve délicieuse et de l'émotion. C'est ainsi que tu m'as appris quelques détails sur votre vie commune, à papa et toi, ou raconté quelques-uns de mes hauts faits : comment un été, à Saint-Pair, j'ai attrapé la coqueluche et vous ai gâché malgré moi vos vacances, l'un et l'autre devant vous relayer à mon chevet au lieu d'aller à la plage ; ou bien comment, une autre fois, j'ai rempli de sable le seau de coques que ma grand-mère, qui en raffolait, avait ramassées. La pauvre femme dut aller les rincer dans l'eau de mer avant de pouvoir les déguster. Tu possédais indéniablement des dons de conteuse, c'est toi qui aurais dû écrire des romans.

Tu aimais aussi les animaux, plus que les humains d'ailleurs. Misanthropie qui était peut-être la conséquence de ta vie chaotique, sans doute pas à la hauteur de tes aspirations. Pure déduction de ma part, nous n'en avons jamais parlé. Toute question sur tes origines, ta jeunesse, débouchant sur une impasse, j'ai compris pourquoi après. Tu aimais particulièrement les chiens, et chez toi il y avait toujours eu une chienne, un épagneul breton. La première, Picpus (vous aviez le génie des noms ridicules), vous l'aviez achetée, Michel et toi, lorsqu'il avait quelques velléités d'aller à la chasse. Je l'avais connue toute petite, et adoptée tout de suite. Les rares fois où nous partions en week-end, on nous mettait à l'avant, la chienne et moi, victimes du même mal des transports. Je ne sais pas ce qu'elle est devenue après votre séparation. Ensuite, lorsque tu t'es de nouveau stabilisée avec René, vous avez eu une autre chienne de même race, Orka, une brave bête aussi, qui mourut de vieillesse. Triste nouvelle que tu m'as annoncée un matin, des sanglots dans la voix. Je t'ai sentie désemparée. René, qui était chasseur également et adulait ses chiennes, ne devait pas être en meilleur état. Vous ne pouviez rester à ruminer votre chagrin. Il vous fallait un autre chien. J'ai appelé Catherine à la rescousse, et, le soir même après les cours (j'étais alors prof dans un collège de banlieue), nous avons exploré les marchands d'animaux du quai de la Mégisserie où, par miracle, j'ai déniché une petite femelle épagneul breton, race moins en vogue que les craquants labradors, par exemple, donc plus rare. Elle m'a tout de suite séduit. Vive, espiègle, nerveuse, une tache fauve sur l'œil, elle avait un irrésistible côté clownesque. Je l'ai achetée, et nous l'avons ramenée chez moi (naturellement, elle fut malade en voiture, ces chiens ont le foie fragile). Puis je t'ai téléphoné pour t'annoncer la surprise. Tu as sauté dans le RER pour découvrir ta nouvelle chienne. Tu as encore pleuré. La chienne a été baptisée elle aussi d'un prénom idiot (Cora), et elle a fait notre joie durant des années : même vieillissante, elle restait joueuse, courant à toute vitesse à travers votre appartement. On sait, hélas, la fin qu'elle a subie…

Dans ces moments heureux, je te redécouvrais. Et, oubliant un instant tout ce qui nous séparait, ce passé douloureux qui m'avait marqué, je me prenais à rêver d'une mère qui serait toujours ainsi. Mais bien vite ta nature changeante resurgissait – était-ce une protection ? – et au moindre prétexte tu tempêtais à nouveau, puis rentrais dans ta carapace.

Je me souviens des pires vacances que tu m'as fait passer. Je ne sais comment vous aviez, Michel et toi, fait la connaissance d'une famille qui vivait à Saint-Martin, sur l'île de Ré, les M. Un homme simple, pêcheur à la retraite, et son épouse, une mégère. Vous aviez décidé que je resterais un mois chez eux en pension. Dès mon arrivée, je me suis senti mal à l'aise. Mais vous étiez là, et quelques jours se passèrent à peu près bien. Sitôt que vous êtes repartis, mes appréhensions se sont confirmées. Cette bonne femme me détestait. Elle s'était mis en tête que j'étais un gosse de la ville, un bourgeois élevé dans du coton qui méritait d'être traité à la dure, comme elle avait sans doute éduqué ses propres enfants. J'ignore le résultat sur eux de cette pédagogie musclée, à base de corvées, d'humiliations, de cris, voire de menaces de paires de claques (plusieurs fois je me suis rebiffé : je ne reconnaissais à personne le droit de me frapper, même toi tu l'as vite compris) mais sur moi elle a eu des effets désastreux : je pleurais en cachette, je saisissais toutes les occasions pour fuir leur maison, une bicoque étroite en plein centre de la petite ville. Chaque jour, sous prétexte de sortir leur chien, je me promenais solitaire sur les remparts de Saint-Martin, fumant mes premières cigarettes, des Week-End ou des Kent. Ici encore, je n'étais entouré que de « vieux », dont la mère M., que je vouais aux gémonies. Et combien, les croisant, j'admirais et enviais ces adolescents bruyants, sportifs, bronzés, qui se baladaient en bande, riaient fort et avaient l'air de tellement s'amuser. Je n'ai eu qu'un copain, ce triste mois, l'un des petits-fils M., j'ai oublié son prénom, Yann ou Yannick, peut-être. Il était chaleureux, même si nous n'avions pas grand-chose à nous dire. Mais nous aimions les mêmes chansons, les mêmes cigarettes défendues (pas question de sentir le tabac en rentrant, vive le chewing-gum). Lui aussi souffrait de la tyrannie de sa famille, qu'il n'osait pas critiquer devant un étranger. Sa grand-mère était pingre, elle comptait tout ce qu'elle me donnait, qui ne devait pas excéder ma pension. Elle a tenté plusieurs fois de me faire manger des coquillages, huîtres, moules, coques, palourdes… Pas question.

Je déteste toujours les coquillages, et ne suis jamais retourné à l'île de Ré.

VII

Après ta rupture mélodramatique avec Michel, à mon plus grand soulagement tu as disparu. Je m'étais construit un équilibre grâce à mon père, qui m'offrait l'existence tranquille dont j'avais besoin pour panser mes plaies et me consacrer à mes études. Ta présence était synonyme de désordre, de crises, de mauvais souvenirs. Tu ne me manquais pas. Je t'oubliais, même, te souhaitant définitivement partie pour le Kamtchatka, les Galapagos ou le fin fond du bush australien, amoureuse d'un cosaque, d'un chasseur de phoques, d'un aborigène, ou tenancière d'un bordel à Tananarive, d'une fumerie d'opium à Kuala Lumpur... N'importe où, n'importe quoi, pourvu que tu sortes de ma vie.

Votre histoire, pourtant, avait commencé sous d'heureux auspices. Mais étais-tu capable de bonheur tranquille ? Je ne sais comment tu avais rencontré ce Kabyle travailleur, plus jeune que toi, avec un côté bonasse – apparence à laquelle il ne fallait pas se fier. Michel était en fait un malin, et tout semblait vous réussir. Le bistrot de quartier dont tu t'occupais tournait bien, tandis que Michel conduisait son taxi. Après avoir été employé dans une grosse compagnie, il s'était acheté sa voiture et sa plaque, et avait recruté son jeune frère Salah, afin que le compteur de la petite entreprise familiale tourne jour et nuit. Signes d'« embourgeoisement », le week-end, quand il ne travaillait pas, Michel allait à la chasse en Sologne (il songeait même à acheter des parts dans une propriété), et il avait acquis un terrain en banlieue parisienne, à S.-en-B., où un pavillon commençait à pousser. Tout cela, bien entendu, lui appartenait. Vous n'étiez pas mariés (en a-t-il jamais été question, et, si oui, comment aurais-tu pu passer devant Monsieur le maire sans papiers, ou sans révéler ton imposture ?), et tu travaillais au noir, sans salaire ni feuille de paye. Tu ne possédais rien, même pas ta fille, reconnue par son père qui lui avait donné son nom.

Survinrent les premières lézardes. Michel s'est mis à boire, avec des clients ou à l'extérieur, et il ne tenait pas l'alcool, qui le rendait violent. Il a été contrôlé par la police une première fois, conduite en état d'ivresse, délit particulièrement déconseillé pour un chauffeur de taxi. Suspendu, il est resté un temps au chômage, jurant de ne pas récidiver. Serment d'ivrogne, les mots ne mentent pas. Repris en faute, sa licence lui a été retirée pour six mois. À la prochaine infraction, ce serait l'interdiction définitive d'exercer son métier. Quand il ne travaillait pas, il devenait infect. Il traînait dans le café toute la journée, à boire et jouer au 421 avec les habitués, et finissait ivre. Tu lui adressais des reproches, à juste titre, mais avec peu de doigté. Comme il culpabilisait, il n'était plus lui-même. Vous vous battiez, et il avait le dessus. Plusieurs fois, j'ai été réveillé par les coups qui pleuvaient, par tes cris. Une nuit j'ai tenté de m'interposer, mais vous m'avez renvoyé me coucher sans ménagement, avant de reprendre votre houleuse explication… La situation est alors devenue catastrophique. L'argent ne rentrait plus, Michel faisait à la maison une mauvaise réputation. Enfin, après une scène plus violente que les autres, il a décidé de retourner en Algérie, en emmenant sa fille. Fin du psychodrame pour moi, qui me suis réfugié chez papa, avec livres et bagages.

Deux ou trois ans après, au cours desquels tu n'as pas donné signe de vie – j'étais à la fois abandonné et débarrassé –, j'ai reçu, surpris et inquiet, une lettre de Michel demandant à me rencontrer. J'ignorais qu'il était revenu en France. Comment s'était-il procuré mon adresse ? Sa réapparition ne pouvait qu'annoncer des ennuis mais – comment faire autrement ? – je l'ai reçu. Et c'est un Michel penaud, déconfit et contrit, au bord des larmes, qui vint plaider sa cause. Il avait retrouvé ta trace et comptait sur moi pour vous réconcilier. Bien entendu, je n'ai pas accepté. J'étais trop jeune pour ce genre de mission, je ne voulais pas me mêler de vos affaires, je souhaitais même vous voir disparaître, toi et lui, à jamais de ma vie. En ce qui concerne Michel, le message est passé. J'ai longtemps ignoré ce qu'il est devenu, jusqu'à ce que Pascale, sa fille, m'apprenne bien plus tard qu'il était à la retraite et revenu vivre au bled. Mais avec toi, j'étais loin d'en avoir terminé…

Car tu n'étais pas aux Galapagos, à Tananarive ou à Kuala Lumpur. Tu n'es jamais montée en avion, dont tu avais une peur bleue, et avec quel passeport aurais-tu franchi les contrôles de police ? Non, tu vivais à Nantes, Michel nous avait donné ton adresse. Papa, avec le sens du devoir qui le caractérise, a décidé que nous devions te contacter – mais sans intervenir en faveur de ton compagnon repenti, votre histoire ne me concernait pas. « C'est quand même ta mère », disait mon père, sans expliciter ce qu'il sous-entendait par ce « quand même ». Avec papa, notre complicité est telle que nous nous comprenons depuis toujours à demi-mot. Au début, ma belle-mère actuelle croyait à tort que nous nous moquions d'elle, quand nous échangions simplement nos *private jokes* coutumières.

Nous passerions cet été-là à Pornic, non loin de Nantes, afin de joindre le devoir filial à l'agrément balnéaire. Je me souviens de l'année, c'était en 1969. La pension de famille où nous logions n'ayant pas la télé, j'ai regardé depuis la rue, par une fenêtre laissée ouverte par les heureux propriétaires d'un poste, les images stupéfiantes du premier astronaute américain marchant sur la Lune.

Et nous sommes allés à Nantes. Je ne conserve qu'un souvenir confus de ces retrouvailles. Lorsque j'y repense, elles se mélangent avec la chanson mortellement triste de Barbara. Je ne sais plus s'il pleuvait sur Nantes ce jour-là. Tu n'étais pas morte, en tout cas. Tu travaillais, dans un bistrot bien sûr. Et tu es sortie quelques instants sur le trottoir afin de me parler. Tu ne pouvais t'absenter longtemps. Le reste est flou. Je devais être gêné, ne sachant que te dire, craignant surtout que tu ne reviennes à Paris et ne proposes de me reprendre avec toi. Je n'avais pas à m'inquiéter. Tu n'en as pas une fois manifesté l'intention. De toute façon, pour s'occuper de moi en toute légalité, papa, avec qui je n'avais aucun lien officiel puisqu'il n'avait pu me reconnaître à ma naissance, et dont je ne porterais jamais le nom, t'avait fait signer un papier me confiant définitivement à lui. Une espèce de renonciation à ta maternité à quoi tu as volontiers consenti. Sincèrement je suis persuadé d'avoir toujours été le cadet de tes soucis. M'aurais-tu aimé au point de ne pouvoir te passer de moi, la présence d'un enfant à tes côtés (presque un ado à ce moment-là) n'était guère compatible avec le mode de vie que tu t'étais choisi, ou que tu subissais.

Ce point, fondamental à mes yeux qui essaient de te voir comme tu étais, pour mon esprit qui tente aujourd'hui de te comprendre, je ne suis pas parvenu à l'élucider, puisque nous n'avons eu que peu d'occasions d'en parler, que tu t'y es refusée. Étais-tu une rebelle qui avait opté pour la marginalité par refus d'un système, de la tyrannie de ta famille et goût viscéral de la liberté ? Hypothèse romantique, romanesque, qui me plaît bien. Dans ce cas, tu n'aurais pas eu à rougir de tes actes, mais plutôt à les revendiquer. Pourtant j'ai peur que mon imagination s'emballe... Tu as sans doute été plus une victime des circonstances, qui t'es débrouillée de ton mieux à partir d'un dérapage initial – ta fuite de Bourg-en-Bresse et ton changement de nom – dont j'ignorerai toujours la cause. Volontairement : pas question de passer ma retraite à dépouiller des archives municipales, visiter des notaires ou des cimetières. Je n'éprouve aucune inclination pour cette archéologie-là.

VIII

« Familles, je vous hais. » Certes. Encore faut-il en avoir une, dût-on la haïr.

Mon arbre généalogique ressemble à un bonsaï, à un cep de vigne calciné.

Côté maternel, le néant. Côté paternel, le désert.

Mon père est fils unique. Mon grand-père l'était aussi. Et son père Auguste ? Je l'ignore, mais là nous abordons le XIXe siècle, autant dire la préhistoire. Ma grand-mère avait une sœur et deux frères. La tante Angèle, avec qui nous avons déjà fait connaissance. L'oncle Ernest, que je n'ai vu que rarement, et qui avait deux filles, cousines de mon père et à peu près de son âge, avec qui il avait partagé de bons moments dans leur jeunesse, avant guerre. Ils s'écrivent pour Noël, ne se rencontrent que de loin en loin, aux enterrements. Et puis il y avait l'oncle

Adolphe. C'est celui, dans la famille, qui avait « réussi ». Mais quand on employait ce mot à la maison, ce n'était pas sans une nuance réprobatrice, un sous-entendu péjoratif : visiblement, la prospérité de l'oncle semblait peu recommandable, de mauvais aloi, et en tout cas pas un gage de bonheur.

Adolphe, donc, l'aîné des quatre, était épicier à Aulnay-sous-Bois, installé depuis une éternité au centre-ville, sur une petite place proprette. C'était bien avant l'heure des supermarchés, voire des supérettes. Quoique, à la fin, je crois me souvenir que l'épicerie familiale avait été rattachée à une chaîne, mais encore artisanale. À l'époque, se rendre de Paris à Aulnay représentait une expédition, un vrai voyage.

L'oncle Adolphe passait pour un vieux grigou. Lorsque nous allions déjeuner chez lui le dimanche, sa boutique restait ouverte, afin de ne manquer sous aucun prétexte l'éventuel client de 13 h 45 venu acheter un kilo de sucre ou un pot de moutarde. C'est sa femme, la tante Jeanne, qui tenait la caisse, par tous les temps et fût-elle malade. Ma grand-mère disait qu'elle devenait aveugle, et qu'il n'était pas convenable de la part de son mari de la tuer ainsi à la tâche. Leur appartement, comme leur vie, était intimement mêlé à leur commerce. Chaque pièce servait aussi de réserve. Les placards regorgeaient de pâtes, de sucre, de conserves. Même sous leur lit, des victuailles. La guerre serait-elle revenue, chez les H. on aurait pu tenir un siège. Si l'oncle Adolphe avait lu *Au bon beurre*, sans doute se serait-il trouvé des affinités avec les héros de Jean Dutourd. Ce qui me plaisait, chez eux, c'est qu'après le déjeuner (frugal) on me laissait libre de fureter dans les entrepôts, dans l'arrière-cour où l'oncle mettait lui-même le vin en bouteille. Du tonneau au litre étoilé, c'est la seule de ses activités qui me paraissait amusante, même si, le dimanche, l'atelier d'embouteillage ne fonctionnait pas. L'oncle avait une fille, fragile et neurasthénique, mère d'une fille, plus âgée que moi et que je n'intéressais pas du tout. Quand nous repartions, je le saluais. Je me souviens de ses grosses mains de paysan, qui lâchaient rarement un paquet de bonbons ou un modeste billet.

Lorsque la tante Angèle fut SDF, l'oncle Adolphe n'a manifesté aucune intention de la recueillir, ni de participer à son entretien. Et ma grand-mère seule, qui n'était pas la plus riche de la fratrie, assuma la charge. Cela n'améliora pas les relations entre tout ce petit monde, et l'on a bientôt cessé de se voir.

De toute façon, à mes yeux de gamin, ces gens étaient des vieux, qui discutaient entre eux d'affaires que je saisissais, que ma grand-mère m'expliquait et me commentait ensuite (j'ai dit que très tôt elle m'a considéré comme une personne à part entière, et non comme un *minus habens*), mais qui n'appartenaient pas directement à mon univers. Je ne faisais guère la différence entre l'oncle Adolphe et le père Goriot, tous deux étaient pour moi aussi lointains, et le lien qui existait entre nous, celui d'un peu de sang très mélangé, ne me paraissait pas devoir m'engager en quoi que ce soit. Ma grand-mère me formait comme l'héritier potentiel, mais de quoi ? Dans ces conditions particulières, je n'ai jamais ressenti dans ma chair l'appartenance à une famille, contrairement à tant d'autres, qu'il m'arrive encore d'envier même si je n'ignore pas, les écoutant, ce qu'*appartenir* à une famille implique en termes de contraintes, de souffrances parfois, voire de déchirements.

Au lycée déjà, j'aimais beaucoup que mes condisciples me racontent leurs histoires de famille, que je trouvais, par rapport à la mienne, follement romanesques. Les week-ends en Normandie passés à cueillir des pommes et à charrier des cailloux, toute la tribu regagnant fourbue Paris le dimanche soir, me paraissaient le sommet de l'exotisme et du bonheur. Je me délectais du récit des premiers émois du petit frère dans les cabines de la piscine. Et j'ai même été convié par raccroc, parfois, à des « boums » organisées par les sœurs de mes copains pour leurs copines et leurs propres copains. Leurs frères y étaient à peine tolérés, alors que dire des copains desdits frères ? De toute façon, je me sentais gauche et balourd, je ne suivais pas la mode, je ne savais pas danser – à cette époque je n'écoutais que de la musique classique – et je ne m'intéressais pas beaucoup aux filles. Lesquelles étaient pourtant, à la brasserie en face du lycée où nous séchions allégrement de nombreux cours en jacassant autour d'un café, le premier sujet de conversation et de fantasmes. Pour les autres. Je faisais semblant. J'aimais mieux les histoires vraies que les récits de flirts plus ou moins bidons que les casanovas en herbe de ma classe se croyaient tenus de nous infliger. Comment leur expliquer que leurs supposées performances « sexuelles » ne suscitaient chez moi nulle envie, que ce n'était pas de cette façon que j'envisageais de passer à l'âge adulte. À mes yeux, être adulte, c'était travailler, avoir un studio, être indépendant, libre. Une liberté que j'attendais avec tant d'impatience, et qui m'affranchirait de mes « problèmes familiaux », comme on disait alors pudiquement.

Mon seul « problème familial », c'était toi, lorsque tu réapparaissais entre deux éclipses. Après l'escale nantaise, tu avais glissé jusqu'à Rochefort-en-Terre : pour qui, pour quoi faire ? Je n'ai jamais cherché à le savoir. Et même le sens du devoir paternel commençait à s'émousser.

Nous n'allions pas passer toutes nos vacances à te suivre dans tes pérégrinations pour quelques minutes en catimini sur un trottoir. Nous nous sommes donc lassés, d'autant que tu ne donnais de tes nouvelles qu'avec une extrême parcimonie.

Et puis, un jour, tu es revenue pour de bon. J'ignore par quelles connexions tu t'es retrouvée dans cette même banlieue où Michel avait tenté de bâtir le pavillon de vos rêves, thuyas, géraniums et barbecue. Mais tu y avais rencontré René, un brave type avec qui tu t'étais « mise en ménage », ainsi qu'on disait autrefois. À cinquante ans passés, il était resté célibataire, il avait une situation correcte, des goûts simples de quiétude petite-bourgeoise, mais de mariage pas question naturellement. Avec cet ex-vieux garçon, tu habitais le rez-de-chaussée d'une grande maison dans le vieux B., sur la route de Paris. Vous disposiez d'un vaste jardin, où votre chienne pouvait s'ébattre.

Un jour où vous receviez des amis à déjeuner, la chienne n'a pas entendu les cambrioleurs qui, passés par la fenêtre restée ouverte sur l'avenue, étaient en train de dérober tes bijoux dans la chambre quand tu es revenue chercher la tarte aux pommes du dessert et les as découverts en pleine action. Après coup, tu racontais l'épisode avec cet humour décalé qui faisait ton charme.

Comment, n'écoutant que ton sang chaud, tu leur avais foncé dessus au mépris de toute prudence, criant « au voleur », et les avais mis en déroute si bien qu'ils en avaient abandonné leur (maigre) butin.

Je ne sais dans quelles conditions plus ou moins clandestines, mais tu avais un travail, cuisinière dans une maison de retraite. Les pensionnaires appréciaient tes petits plats, surtout le couscous que Michel t'avait appris à préparer « comme là-bas » et où, il est vrai, tu te surpassais. Ensuite, tu as obtenu la responsabilité du cimetière, et vous avez emménagé dans la « maison solaire » de fonction qui t'avait été attribuée. Pour la première fois, tu étais chez toi, et c'était ton compagnon le prince consort. Tu le lui rappelais d'ailleurs régulièrement. Une grande bâtisse blanche toute neuve, confortable, moderne, avec un jardin agréable, située à l'entrée du cimetière. La proximité de tes « administrés » me troublait bien un peu, mais, du jardin, on ne voyait pas les tombes. Les avions qui décollaient d'Orly à un rythme soutenu étaient plus dérangeants, l'été, quand nous déjeunions dehors.

Nous entretenions alors des rapports à peu près normaux. Apaisés en tout cas, hormis quelques crises périodiques (vers la fin de l'année, par exemple, à l'approche de ces satanés réveillons). Et ta situation semblait convenable. Tu t'étais rangée. Adieu les aventures, les passions, les éclipses. Tu approchais la soixantaine. Je ne pouvais à l'évidence deviner l'épouvantable vieillesse qui te guettait, la surprise ultime que tu nous réservais. Ni la façon dont René réagirait à tout ça, dépassé, perdu.

Tout à coup, cette situation familiale dont je m'étais presque accommodé, que j'avais banalisée en écoutant les récits de tel ou tel de mes amis, guère plus réjouissants, construisant ma vie sur des bases aussi éloignées que possible de mon milieu d'origine, revenait me sauter à la figure, menaçant cet équilibre à quoi je tiens par-dessus tout. J'ai fait face comme j'ai pu, de manière peut-être égoïste, mais la priorité était de me protéger, de ne me laisser balayer par aucun tsunami émotionnel. Épaulé par quelques proches, j'y suis parvenu. J'ai même cru oublier. Raté.

Fonderai-je jamais une famille ?

J'ai failli me marier deux fois. Avec des Catherine.

La première, rencontrée à la Sorbonne, où nous suivions les mêmes cours. Nous sortions ensemble tous les samedis soir, au concert, au cinéma, au restaurant. Puis elle me ramenait chez moi dans sa Dyane, où nous flirtions. Elle n'est jamais venue dans mon studio. Nous ne sommes pas allés plus loin. Fille aînée dans une famille d'origine espagnole traditionaliste : inenvisageable de faire l'amour en dehors du mariage. Je l'avais accepté. Une date de fiançailles avait été fixée. Mais j'ai rompu, à cause d'une histoire de vacances en Italie annulées à la dernière minute, parce que le frère cadet passait son bac. Et s'il attrapait les oreillons, devrions-nous le veiller nuit et jour ? J'ai eu une espèce d'illumination : je me suis vu marié à vingt ans, allant déjeuner tous les dimanches chez ses parents à Vitry, tyrannisé par sa famille, alors que j'avais échappé à la mienne. Pas question. J'ignorais alors quelle serait ma vie, mais certainement pas celle-là. J'ai revu Catherine une fois, des années après, au Quartier latin. Nous avons pris un verre, et elle m'a raccompagné dans sa nouvelle voiture. Au cours de notre bavardage amical, elle m'a avoué qu'elle ne s'était pas sentie prête, à l'époque, pour s'affranchir de la tutelle de ses parents. Depuis, elle avait rencontré un autre garçon. Ils habitaient ensemble sans être mariés, et elle était fâchée avec son père.

La seconde Catherine avait quelques années de plus que moi. Libre voire provocante, j'aimais son intelligence, son humour, son élégance. Elle adorait les parfums, m'a appris à en distinguer les fragrances, à en choisir un en harmonie avec soi. À trente-cinq ans, elle cherchait sans doute un mari acceptable, qui lui donnerait des enfants. J'aurais pu être celui-là, si notre relation avait été plus physique. Mais j'étais incapable de faire l'amour avec Catherine, parce qu'elle m'impressionnait, m'inquiétait. Elle portait en elle une folie, avait connu tant d'expériences, qu'elle ne confiait qu'à demi-mot. Ses rapports avec sa famille semblaient ténébreux. Nous avons rompu. Elle est partie travailler en Allemagne pour une chaîne de télévision, et personne, même parmi nos amis communs, n'a plus reçu de ses nouvelles.

Par deux fois, j'aurais pu être père. Ça n'a pas marché. Ce n'est sûrement pas un hasard. Malgré mon envie, ma propre histoire familiale ne m'a pas préparé à assumer une telle responsabilité. Elle m'a rendu plus que méfiant. Et je me sentais – je me sens encore en vérité – trop jeune dans ma tête. Incapable de remettre en cause ma chère liberté – au risque de la solitude. D'autres choix se sont imposés à moi, sans regret. Même si, parfois, j'aimerais beaucoup avoir un fils d'une quinzaine d'années à qui j'essaierais de faire découvrir le monde, d'offrir ce que je n'ai pas reçu et ai dû conquérir seul.

IX

Envoi

Comme j'achevais ce petit livre, partagé entre le soulagement et le doute – fallait-il exhumer ces « secrets » ? –, je tombe, lectures de la rentrée littéraire obligent, sur le *Journal intime* de Nathalie Rheims, estampillé « roman », mais « roman de [sa] vie secrète », de « [sa] vie privée ». Autofiction, si l'on veut. Un petit livre également, que je dévore, avec émotion et gratitude. Me touche, plus que son récit d'un amour clandestin et désespéré, l'évocation de ses souvenirs d'une enfance plutôt douloureuse. Sa mère est partie de la maison pour un autre homme quand sa fille avait quinze ans, la laissant en tête à tête avec un père fantasque, l'académicien Maurice, chargée de gérer sa vie sentimentale compliquée. « Ma mère a disparu, écrit Nathalie Rheims. On ne retrouve jamais ceux qui sont partis. On ne peut obliger personne à nous aimer. » Nathalie et moi avons à peu près le même âge (pardon, elle est de deux ans ma cadette), et c'est la première fois, dans ce livre, qu'elle écrivait sur sa mère, morte il y a longtemps déjà. J'aurais pu signer ces lignes, qui me rassurent, me confortent dans le bien-fondé de ma propre entreprise.

Chaque écrivain estime son histoire exceptionnelle, unique au point de devoir être racontée aux autres pour leur édification, afin qu'ils nous plaignent, nous consolent, nous aiment. Autofiction, derechef, mais à la manière de Montaigne, Rousseau, Stendhal, Gide, que Nathalie Rheims cite abondamment, pour mon plus grand plaisir. Ils comptent parmi mes auteurs de prédilection. Mais illusion également : il suffit d'interroger les gens autour de soi, de les inviter à se confier (ce qu'ils font volontiers), pour que surgissent des secrets de famille insoupçonnés, cocasses ou pénibles, scandaleux, inavouables.

Il arrive un moment – pourquoi maintenant et pour quelles raisons ? – où l'on ressent le besoin de raconter des choses tues si longtemps, de se mettre au net avec soi, de se libérer la tête d'un fardeau pesant, afin de passer à autre chose, régé-néré.

Te voilà, ma mère, non point oubliée, mais rangée dans le grenier de papier de mes souvenirs d'enfance, parmi d'autres fantômes. Merci pour cette occasion de faire place nette. Il est des parents, la plupart j'espère, qui estiment de leur devoir d'aider de leur mieux leurs enfants à démarrer puis à réussir leur vie. Tu n'as pas été de ceux-là. C'est un anti-héritage que tu m'as légué. J'ai horreur du mensonge, de la dissimulation. L'idée de ne pas être en règle avec une administration, de voyager sans visa, de perdre ma carte d'identité ou mon passeport m'angoisse. Je suis allergique à tout emploi d'un pseudonyme. Je ne l'ai accepté qu'à deux ou trois reprises, dans *L'Amateur de cigare* de l'ami Jean-Paul Kauffmann et à sa demande, parce que la rédaction d'origine était si peu nombreuse que chacun d'entre nous ne pouvait signer plusieurs papiers dans chaque numéro. Il fallait paraître plus « riches » que nous ne l'étions. L'équipe s'est étoffée depuis.

Pour moi, signer d'un autre nom un texte que j'ai écrit voudrait dire que j'en ai honte. Et si j'avais honte de quelque chose que j'aurais écrit, je ne le publierais pas. Plusieurs fois, à l'époque où j'assurais les pages livres et musique dans *Playboy*, des amis m'ont posé la question : cela ne me gênait-il pas de collaborer à la fois à des journaux « convenables » et à un magazine « de charme » ? Pas du tout. L'exercice m'amusait même beaucoup. Je ne voyais rien là qui choquât ma morale personnelle.

Nous n'avons jamais pu nous parler à cœur ouvert. Tu t'es esquivée, jusqu'à la fin. Ou peut-être n'ai-je pas été assez persuasif. Tu nous as épargné en tout cas la confession sur le lit de mort, façon *Le Laboureur et ses enfants*. Je t'en sais gré, même si j'aurais enfin appris la vérité. Curiosité, bien sûr. Morbide, non merci. L'occasion ne se représentera plus : je ne crois pas à l'au-delà.

Tu m'as donné la vie. Te faisant revivre dans ces pages, je te l'ai rendue. Nous sommes quittes. Je peux passer outre.

Juignettes-Paris, été-automne 2007.

Remerciements

À mon père, pour tout. Et pardon s'il ne se reconnaît pas dans cette histoire qu'il aurait sans doute préféré que je n'écrive pas.

À mes amies chères, qui m'ont aidé à supporter ce fardeau, à un moment ou à un autre, et depuis tant d'années.

Au psychanalyste inconnu, dont j'ai fait l'économie.

À Jean-Marc Roberts, qui est arrivé au bon moment, pour son écoute et sa confiance. Et à Capucine, surtout pour la page 48 bis.

Pour l'éditeur, le principe est d'utiliser des papiers composés de fibres naturelles, renouvelables, recyclables et fabriquées à partir de bois issus de forêts qui adoptent un système d'aménagement durable.

En outre, l'éditeur attend de ses fournisseurs de papier qu'ils s'inscrivent dans une démarche de certification environnementale reconnue.